Lektorat Burghard König

Unsere technisierte und automatisierte Arbeitswelt steht dem Bedürfnis nach ausreichender Bewegung und ungezwungener Kommunikation oft entgegen. Um so wichtiger ist für unser Leben der Sport geworden: als gezieltes Fitnessprogramm, als Freizeitgestaltung oder als gemeinschaftsförderndes Spiel.

Die *rororo Sportbücher* zeigen Wege auf, wie man allein oder in der Gruppe zu einer sinnvollen körperlichen Betätigung kommt. Sie informieren den Anfänger und geben Anleitungen für den Freizeitsportler, enthalten Lehr- und Übungsprogramme für den Fortgeschrittenen und stellen dem Lehrer methodisch wie didaktisch erprobte Unterrichtsmaterialien bereit.

Die in regelmäßiger Folge erscheinenden Bände runden sich zu einer in sich geschlossenen Sportbibliothek ab.

Volleyball und Handball

Organisations- und Übungsformen
für Schule und Verein
Training
Technik
Taktik

Günter Blume/Klaus Lange

Mit Fotos von Horst Lichte

rororo
Rowohlt

Originalausgabe

Umschlagentwurf Werner Rebhuhn (Foto Horst Lichte)
Typographie Werner Rebhuhn / Layout Angelika Weinert
Graphik Sybille Steinbach
Veröffentlicht im Rowohlt Taschenbuch Verlag GmbH,
Reinbek bei Hamburg, Oktober 1979

Satz Times (Linotron 404)
Gesamtherstellung Clausen & Bosse, Leck
Printed in Germany
980-ISBN 3 499 17034 5

29.–33. Tausend Mai 1983

Inhalt

7
13
12

Einführung

Sportlehrer und Übungsleiter stehen immer wieder vor der unbefriedigenden Situation, hohe Teilnehmerzahlen in kleinen Hallen unter Zeitdruck unterrichten zu müssen. Besonders die Einführung eines der Sportspiele in Schule und Verein bereitet nicht selten organisatorische Schwierigkeiten. Ebenso bringt die abwechslungsreiche Gestaltung der Sport- und Trainingsstunden Probleme mit sich.
Das vorliegende Buch will dem Sportlehrer und Übungsleiter Anregungen für die Intensivierung und Systematisierung seines Unterrichts geben. Es orientiert sich nicht am Leistungs- oder Spitzensport, sondern an den Bedürfnissen des Breiten- und Schulsports.
Es werden Wege aufgezeigt, wie man Probleme bewältigen kann, die während der praktischen Arbeit in diesen Sportbereichen entstehen. Insofern kann auch nicht von idealen äußeren Voraussetzungen – wie kleinen, hochmotivierten Gruppen mit ausreichenden Übungszeiten in großen, gut ausgestatteten Hallen – ausgegangen werden. Ebensowenig wird ein ‹fertiges› Programm aufgestellt, das man nur zu kopieren braucht, um zum Erfolg zu kommen. Vielmehr verfolgen die Autoren das Ziel, Denkanstöße und Anregungen zu geben, wie man auch unter erschwerten Bedingungen die Freude des Anfängers am Spiel wecken kann und die Motivation des Fortgeschrittenen erhält.
Die in diesem Band enthaltenen Programme und Übungsformen beziehen sich – zumindest im technisch-taktischen Teil – speziell auf die Spiele Volleyball und Handball.
Die angebotenen Organisationsrahmen können jedoch mit entsprechend abgewandelten Lern- und Übungsinhalten ebenso Grundlage für die Unterrichtung eines der anderen Sportspiele sein.

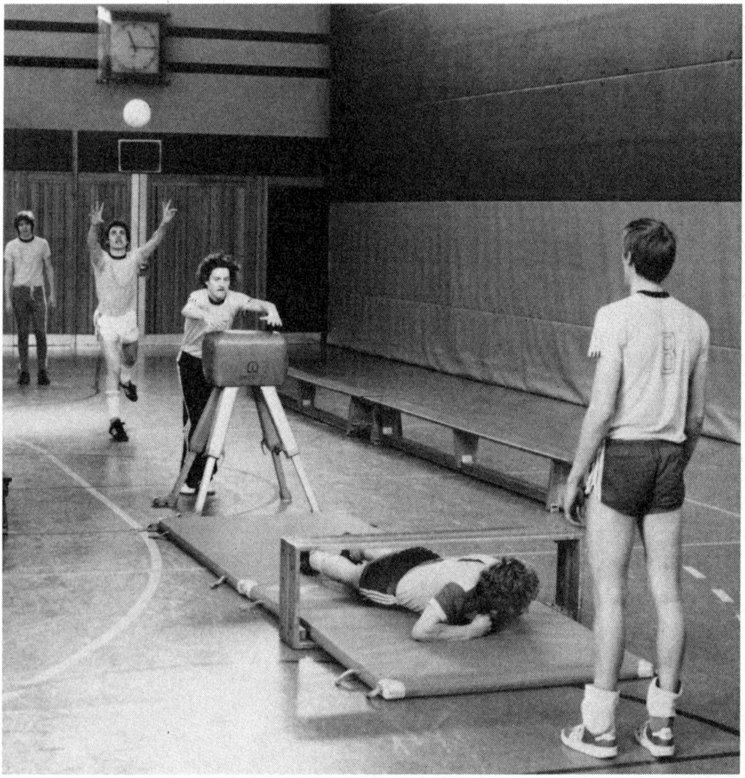

Intensivierung und Systematisierung des Sportunterrichts

Die Unterrichtsvoraussetzungen des Schul- und Vereinssports lassen bei der Organisation und Durchführung des Sportbetriebs viele Probleme erkennen, die vor allem durch fehlende Hallen, ungeeignete Hallengrößen und veraltete oder unzweckmäßige Geräteausstattungen verursacht werden. Die gegenwärtige Situation zeigt nicht selten, daß für eine Übungsgruppe des Vereins bzw. für eine Schulklasse nur eine Hallenzeit von einer Stunde in der Woche zur Verfügung steht. In den Schulen behilft man sich, indem zwei Lehrkräfte gleichzeitig zwei Klassen in einer Turnhalle unterrichten. So ermöglicht man für jeden Schüler zumindest zwei Sportstunden pro Woche. Die Zielsetzungen der Sportlehrpläne sind unter diesen Bedingungen verständlicherweise nur unzureichend zu erfüllen.
Es kommt hinzu, daß der Lehrer durch die hohen Schülerfrequenzen der Klassen und die beengten räumlichen Verhältnisse vor organisatorische Probleme gestellt wird, die er mit seinem in der Ausbildung erlernten methodischen Wissen nicht lösen kann. Auch die Fachliteratur bietet zu diesem Problem bislang nur wenig Hilfen an.
Die in der Ausbildung geschulten traditionellen Methoden des Sportunterrichts und des Trainings bieten den Sporttreibenden eine zu geringe Zahl an Übungsplätzen und Übungsformen in der Sportstunde an. Untersuchungen haben ergeben, daß einzelne Schüler bei einem Unterricht nach diesen Methoden häufig weniger als fünf Minuten in einer Trainingseinheit intensiv körperlich belastet werden.
Betrachtet man dieses Ergebnis im Zusammenhang mit den Untersuchungen über den Gesundheitszustand der Jugendlichen, so erhebt sich zwangsläufig die Forderung nach einer Systematisierung und Intensivierung des Sportunterrichts bzw. des Trainings.

Variable Aufteilungen des Übungsraums durch Organisationsrahmen

Entscheidende Möglichkeiten zur Systematisierung und Intensivierung des Unterrichts und Trainings bieten sich durch eine optimale Raumausnutzung mit Hilfe übersichtlicher Organisationsrahmen an, in denen eine große Anzahl von Übungsplätzen eingerichtet werden, die die Erfordernisse der jeweiligen Sportart erfüllen. Eine Unterrichtsorganisation in dieser Form verlängert die Übungszeit jedes einzelnen Teilnehmers erheblich.

Viele Übungsplätze machen es möglich, die Lernschritte durch entsprechende Übungsformen sehr klein zu halten und differenziert anzubieten. So wird der Sportbetrieb abwechslungsreich, und die Zahl der Leistungsanreize erhöht sich. Es tritt keine Langeweile ein. Besonders positiv zu werten ist, daß die Übenden häufiger zu Erfolgserlebnissen gelangen und bei diesem relativ freien Unterrichtsbetrieb sehr schnell den Wert und die Notwendigkeit von Hilfe- und Korrekturleistungen erkennen und somit zum verantwortungsbewußten Handeln erzogen werden. Diese Voraussetzungen bieten eine ausgezeichnete Grundlage, zum Beispiel Schüler auch über den Rahmen des Schulunterrichts hinaus zum Sporttreiben zu motivieren.

Organisationsrahmen, die eine Systematisierung und Intensivierung des Sportunterrichts gewährleisten sollen, müssen die Durchführung der erforderlichen Übungsformen ermöglichen und gleichzeitig für die Vielzahl der Übenden eine gute Orientierungshilfe sein. Da die Erfordernisse der einzelnen Sportarten sehr differenziert sind, werden für den Sportbetrieb auch verschiedene Organisationsrahmen benötigt, die man auf der Grundlage folgender Überlegungen zusammenstellen kann:

1. Der Organisationsrahmen wird durch geschickt aufgestellte Geräte gebildet, die gleichzeitig als Übungsplätze dienen und eine Orientierungshilfe für den Übenden geben.
2. Der Organisationsrahmen wird geschaffen, indem man die Halle mit Hilfe von Bänken, Malstangen, Seilen, Zauberschnüren usw. in kleine Räume aufteilt, die einerseits eine gute Übersicht bringen, andererseits die Durchführung der gewünschten Übungsformen gewährleisten.
3. Der Organisationsrahmen setzt sich aus Geräten und abgeteilten Räumen zusammen.

Die folgenden Abbildungen zeigen Grundrisse von Sporthallen, in denen Organisationsrahmen nach den oben genannten drei Gesichtspunkten vorgestellt werden. Dabei handelt es sich nur um eine Auswahl aus einer Fülle von Möglichkeiten.

Der Organisationsrahmen wird durch unterschiedliche Anordnung eines Geräts gebildet – zum Beispiel Bank.

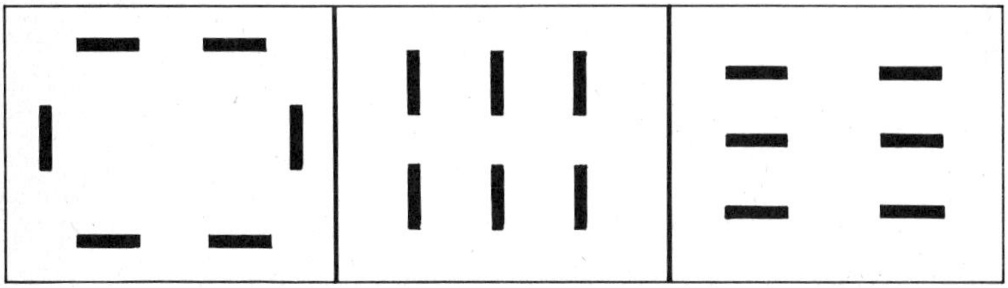

Der Organisationsrahmen wird durch die unterschiedliche Anordnung von zwei Geräten gebildet – zum Beispiel Bank, großer Kasten.

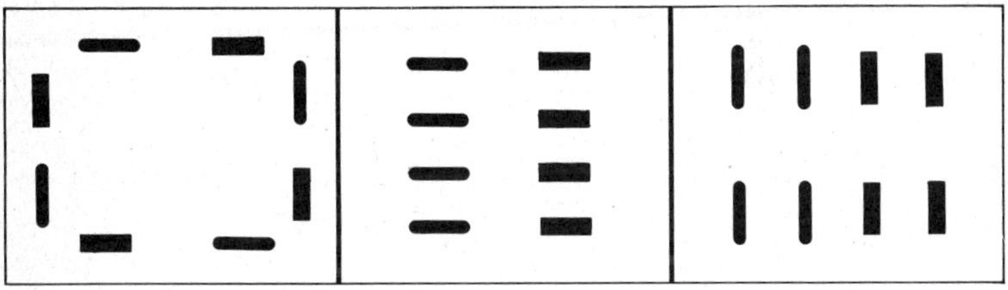

Der Organisationsrahmen wird durch unterschiedliche Anordnung von mehreren Geräten gebildet – zum Beispiel Bank, kleiner Kasten, großer Kasten, Barren.

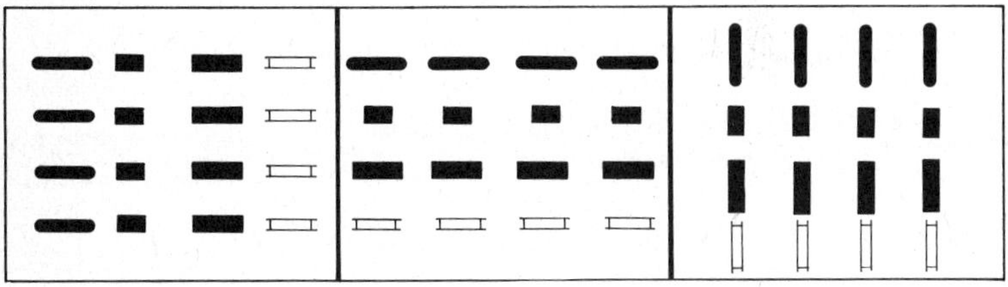

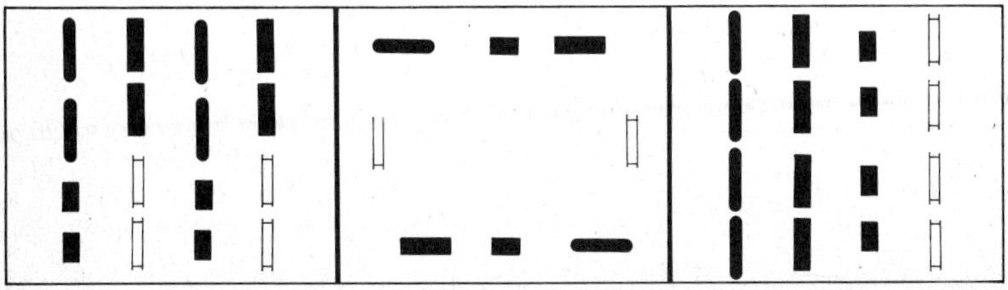

Die Organisationsrahmen werden mit Hilfe von Raumteilern gebildet – zum Beispiel Bänken, Kästen, Zauberschnüren, Malstangen usw.

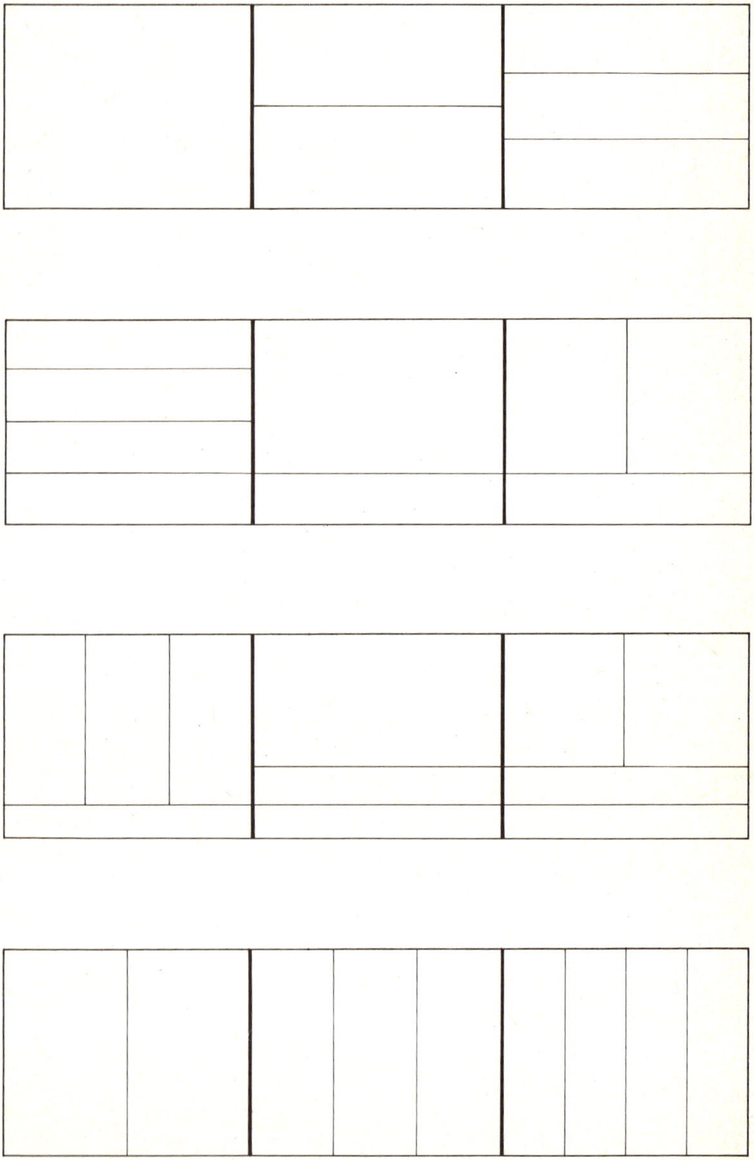

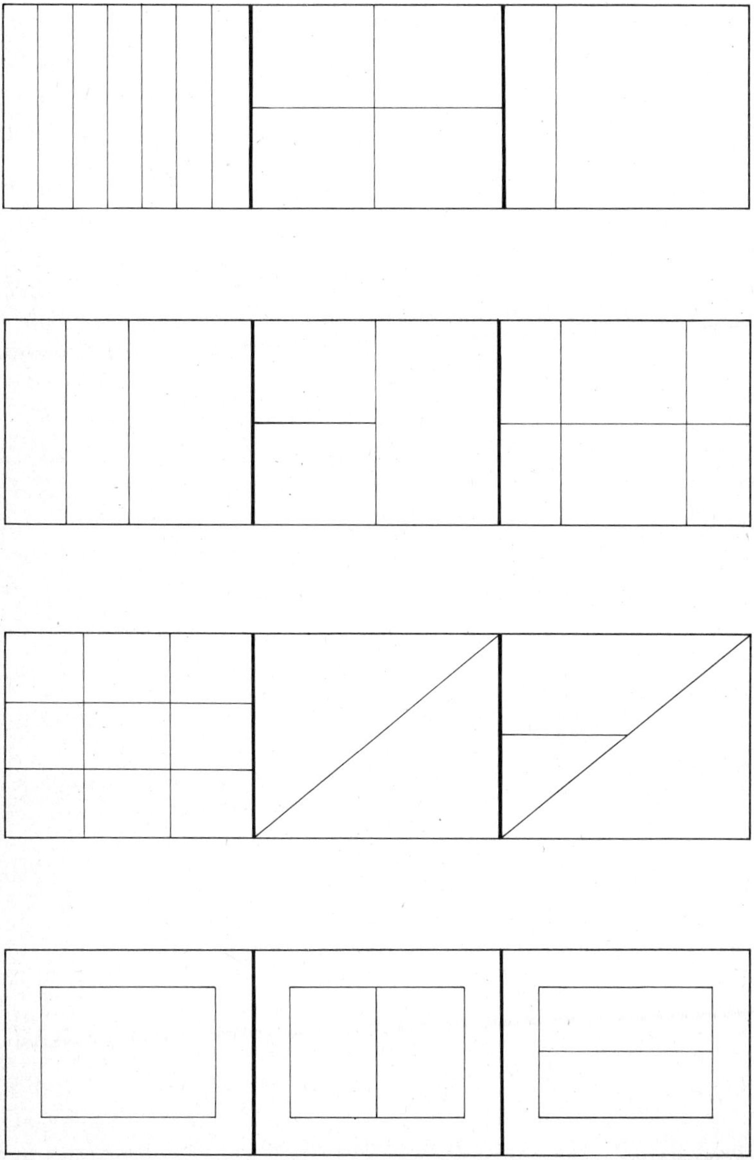

Auf eine Darstellung der Kombination von Geräten und Raumteilern zur Schaffung von Organisationsrahmen wird verzichtet, da sie sich aus der Kombination der aufgezeigten Möglichkeiten ergibt.
Alle Organisationsrahmen, die mit Hilfe von Turngeräten errichtet werden, bieten sich verständlicherweise besonders für die Organisation des Turnbetriebs an. Darüber hinaus bilden sie ausgezeichnete Möglichkeiten zur Schulung der allgemeinen Kondition für alle sonstigen Sportarten. Je nach Auswahl der Geräte und Übungsformen lassen sich Ausdauer, Kraft, Schnelligkeit, Geschicklichkeit oder Gewandtheit schulen.
Die Organisationsrahmen durch Raumteiler ermöglichen neben der Schulung von athletischen Grundlagen Bewegungsaufgaben zu allen weiteren Hallensportarten. Die Räume einer längsgeteilten Halle eignen sich gut für Übungsformen, die die Schulung von Schnelligkeit einbeziehen. Die Unterteilung in viele kleine Räume bietet sich vor allem für Circuit- und Stationsprogramme sowie für Übungsformen ohne Ortsveränderung an.
Organisationsrahmen, wie sie in den Abbildungen auf Seite 15 unten zu erkennen sind, sollten vor allem bei Ausdauerübungen angewendet werden. Der dabei verbleibende Innenraum erlaubt durchaus ein paralleles Üben weiterer Gruppen.

Ein guter Ball . . .

. . . ist wie ein gutes Geschäft: eine runde Sache, solange die Luft nicht raus ist. Dann rollen der Ball und der Rubel.
Der Trainer auf der Bank will, daß der Ball ins richtige Tor kommt. Der ist kein Tor, der will, daß das Geld zur richtigen Bank kommt.

Hinweise zur Anwendung von Organisations- und Übungsformen

Variierende Übungszeiten und ungleiche Hallenverhältnisse verhindern eine generell anwendbare Zusammenstellung von Unterrichts- und Trainingseinheiten. Aus diesem Grund enthält das vorliegende Buch analytisch erarbeitete Athletik- und Technik-Taktikprogramme mit organisatorischen Erläuterungen und Abbildungen, die dem Lehrer und Übungsleiter eine sinnvolle Unterrichtsvorbereitung erleichtern sollen.
Die Programme sind für eine Teilnehmerzahl von ungefähr 30 zusammengestellt worden. Diese Zahl ist willkürlich gewählt, da die Anzahl der Teilnehmer für den Ablauf der Übungen sekundär ist; denn unterschiedliche Gruppenstärken beeinflussen die Programme unwesentlich.
Entsprechend den Erfordernissen des Unterrichts können einzelne der vorgestellten Übungsformen zu Athletik, Technik und Taktik wie in einem Baukastensystem kombiniert und in den jeweils gewünschten Organisationsrahmen eingepaßt werden. Dabei vereinfachen die schnell herzustellenden und zu verändernden Hallenaufteilungen die Organisation.
Die Austauschbarkeit der Übungsformen erlaubt ein vielseitiges, systematisches Üben bei optimaler Raum- und Zeitausnutzung.
Die Anforderungen in den einzelnen Programmen orientieren sich an dem Unterricht für Anfänger. Lehrer und Übungsleiter können die Programme durch eine höhere Dosierung in der Belastung und durch Ergänzungen in der Aufgabenstellung auch bei der Schulung von Fortgeschrittenen und Leistungssportlern einsetzen.

Die Athletikprogramme, die die körperlichen Voraussetzungen entwickeln sollen, stehen am Anfang. In ihnen sind die Komponenten der allgemeinen und speziellen Kondition berücksichtigt. Sie enthalten in vielen Variationen Übungsformen zur Schulung von Kraft, Ausdauer, Schnelligkeit, Gewandtheit und Beweglichkeit und können als athletische Grundschulung für alle großen Ballspiele eingesetzt werden.
Die vorgestellten Programme repräsentieren eine Auswahl aus einer Fülle von organisatorischen Möglichkeiten. Sie sind in sich abgeschlossen und bauen nicht aufeinander auf.
Der Athletikteil besteht aus

- 3 Circuit-Programmen,
- 4 Programmen, die Geräte als Organisations- und Übungsrahmen verwenden, und
- 12 Programmen, die 6 verschiedene Hallenaufteilungen als Grundlage haben.

Die Technik-Taktikprogramme enthalten Übungsformen zur Schulung von technischen Grundformen und zur Entwicklung von individuellen taktischen Verhaltensweisen. Dabei ist bewußt auf eine detaillierte Beschreibung der einzelnen Spielelemente verzichtet worden. Die Grobform der technischen Grundelemente wird in Wort und Bild kurz vorangestellt.

Der Taktikanteil nimmt dabei in der Anfängerschulung nur einen kleinen Raum ein, zumal die Taktikschulung in den Ballspielen große Räume für differenzierte Entscheidungen benötigt, die bei kleinen Hallen und vielen Teilnehmern nicht vorhanden sind.

Die Technik-Taktikprogramme gliedern sich überwiegend in drei Ausbildungsphasen:

1. die analytische Schulung der technischen Grundform;
2. die kombinierte Schulung der technischen Grundform mit einer Zusatzaufgabe (mit vorangestellter *oder* nachfolgender Bewegungsaufgabe);
3. die kombinierte Schulung der technischen Grundform mit mehreren Zusatzaufgaben (zum Beispiel mit vorangestellter *und* nachfolgender Bewegungsaufgabe).

Der methodische Aufbau einer Schulung technischer Fertigkeiten im Volleyball wird in seiner grundsätzlichen Form für das obere und untere Zuspiel aufgezeigt, wobei konditionelle und technische Ausbildung gleichermaßen berücksichtigt werden.

Ein zweiter methodischer Weg wird für das Erlernen der Aufgabe, des Angriffsschlags sowie für das Blockieren angeboten, indem hier die Schulung der technischen Fertigkeiten in den Vordergrund gestellt wird.

Über eine Kombination beider Wege ist eine individuelle Schulung mit individuellen Schwerpunkten möglich.

Die im Buch enthaltenen Fotos erfüllen vorrangig den Zweck, den Ablauf der Übungen zu verdeutlichen, und berücksichtigen daher nicht immer die Hallenaufteilungen und Geräteaufbauten, wie sie in den Programmen und Abbildungen beschrieben werden.

Organisations- und Übungsformen zur Schulung der Kondition

Circuitprogramme

Eine in der Praxis beliebte und bewährte Trainingsmethode zur Intensivierung des Übungsbetriebs ist das von den Engländern ADAMSON und MORGAU entwickelte Circuittraining. Dieses Trainingsverfahren ist auch unter dem Namen Zirkel- oder Kreistraining bekannt geworden.
Beim Circuittraining üben alle beteiligten Sportler – einzeln oder in Gruppen – gleichzeitig an mehreren Stationen mit unterschiedlichen Aufgabenstellungen nach vorgeplanten Belastungs- und Erholungsphasen.
Der Zirkel sollte nicht mehr als 12 Übungsstationen umfassen, um eine Überbelastung zu vermeiden. Die Belastungsdosierung kann unterschiedlich erfolgen.
Eine Möglichkeit ist, an den einzelnen Stationen des Kreises eine bestimmte Anzahl von Wiederholungen festzulegen. Nach Absolvierung der festgelegten Anzahl erfolgt der Wechsel zur nächsten Station. Die Anzahl der Übungswiederholungen ist individuell verschieden und richtet sich nach dem Leistungsvermögen der Aktiven.
Eine andere Möglichkeit ist, innerhalb einer vorgegebenen Zeit eine möglichst hohe Anzahl von Übungen an den Stationen zu erzielen. Eine solche Übungsfolge könnte folgendermaßen aussehen:

30 Sekunden Belastung zu 60 Sekunden Erholung,
30 Sekunden Belastung zu 30 Sekunden Erholung,
60 Sekunden Belastung zu 60 Sekunden Erholung.

Bei dieser Form des Zirkels kann als pädagogische Hilfe mit Punkten für jede ausgeführte Übung gearbeitet werden. So kann man am Ende des Circuittrainings die Summe der Punkte des einzelnen im Vergleich zur Gruppe analysieren.
Weiterhin gibt es die Möglichkeit, die Zeit zu messen, in der der Aktive eine vorgegebene Anzahl von Übungen an einer Station absolviert. Danach erfolgt der Wechsel. Ziel ist hier, die vorgegebene Übungszahl in kürzester Zeit auszuführen.
Alle diese Formen des Circuittrainings dienen, soweit auf den Stationen einfache Körperübungen mit athletischem Inhalt verlangt werden, der rationellen Vervollkommnung von Kraftausdauer und allgemeiner Ausdauer.
Neben diesem Circuittraining, das in der Praxis hauptsächlich zur Entwicklung physischer Fähigkeiten verwendet wird, bietet es für Sportspiele auch die Möglichkeit der Festigung technischer Elemente bei physischer Belastung. Hier empfiehlt sich eine Mischform aus athletischen Stationen und solchen, die der Technikschulung dienen.
Im folgenden wird je ein Beispiel für einen Zirkel zur Entwicklung der physischen Fähigkeiten, der Technik sowie die Mischform vorgestellt.

1. Die Kreisform – athletischer Kreis

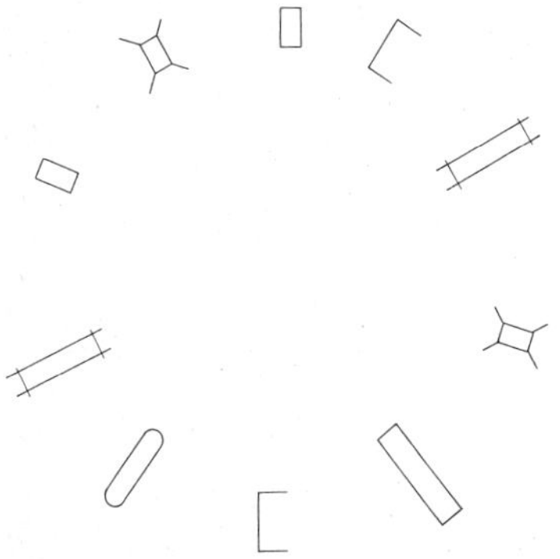

2. Die Stromform – technischer Zirkel

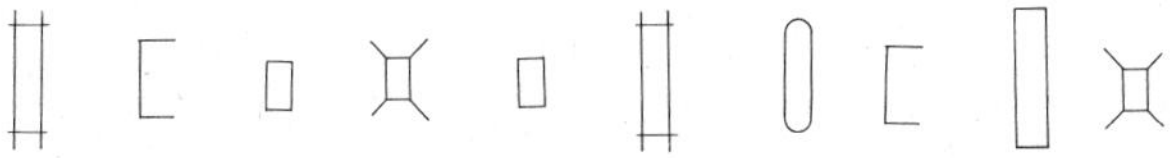

3. Die Stationskreise – Mischform

Stationskreis 1 Stationskreis 2 Stationskreis 3

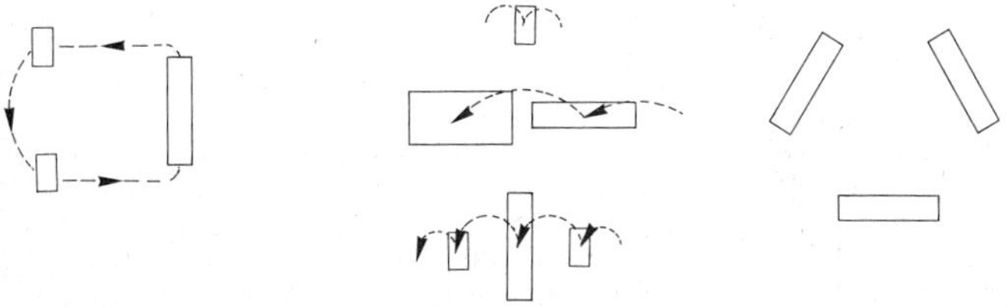

Bei der *Kreisform* sind die einzelnen Übungsstationen im Raum so angeordnet, daß sie einen Kreis ergeben. Diese Form bietet dem Aktiven die Möglichkeit, schnell zur nächsten Station zu gelangen.
Dies ist bei der *Stromform* nicht hundertprozentig gegeben, da die Stationen nebeneinander angeordnet sind und der Spieler von der letzten zur ersten Station im Vergleich zur Kreisform einen weiteren Weg zurücklegen muß. Hingegen hat der Übungsleiter den Vorteil, den Zirkel gut überblicken und leiten zu können.
Die *Stationskreise* sind mehrere kleine Kreise, die zum Beispiel jeweils aus drei Stationen bestehen können. An jedem Kreis kann ein anderer Schwerpunkt trainiert werden. Daraus ergibt sich die Mischform.

1. Circuitprogramm Kreisform: Athletik

Zielsetzung: Schulung der physischen Fähigkeiten
Organisationsrahmen: Es sind insgesamt 10 Stationen in Kreisformation aufgebaut.
Geräte: 2 Bänke, 1 kleiner Kasten, 1 Barren, 2 Matten, 1 Bock, 1 Sprungseil
Übungsbeschreibung
Die Teilnehmer bilden 10 Gruppen mit je 3 Aktiven. Jede Gruppe besetzt eine der Stationen, wobei einer stets übt, der zweite die Wiederholungen zählt und der dritte pausiert. Die Belastungsdosierung ist in einem Verhältnis von 1:2 vorgesehen. Dies bedeutet, daß ein Teilnehmer 30 Sekunden lang übt und anschließend eine Erholungsphase von 60 Sekunden einlegt.
Um einen reibungslosen Ablauf zu gewährleisten, ist es notwendig, daß unmittelbar nach Beendigung der Übungen der Wechsel unter den 3 Teilnehmern übergangslos erfolgt.
Nach 90 Sekunden an jeder Station erfolgt dann der Wechsel aller Gruppen zur nächsten Station.

1. Station: Seilspringen beidhändig mit Vorschwingen des Seils.
2. Station: Rumpfheben aus der Rückenlage, die Hände berühren die Bank.
3. Station: Wechselsprünge auf einem kleinen Kasten.
4. Station: Rumpfheben aus der Bauchlage.
5. Station: Hockstrecksprünge.
6. Station: Aus dem Stütz in der Holmengasse im Ellbogengelenk einbeugen und strecken.
7. Station: Aufstützen in der Holmengasse, übergrätschen rechts, um das Gerät laufen, wieder aufstützen usw.
8. Station: Beidbeinige Seithüpfer auf zwei Matten. Abstand der Matten zueinander 30 bis 60 Zentimeter.
9. Station: In der Bauchlage über die Bank ziehen, anschließend zurücklaufen usw.
10. Station: Über einen Bock (1,20 bis 1,40 Meter Höhe) grätschen, anschließend unten hindurch kriechen und wieder grätschen usw.

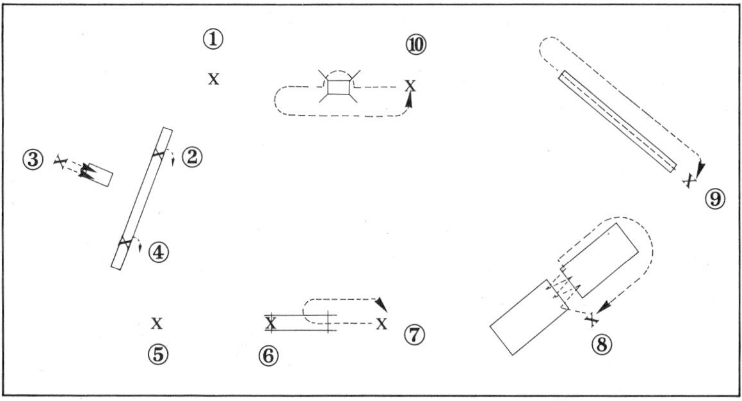

Übungsbetrieb an allen Stationen

2. Circuitprogramm Stromform: Handball

Zielsetzung: Schulung von technischen Grundformen mit Hilfe eines Circuitprogramms

Organisationsrahmen: Die Halle wird durch die 10 eingerichteten Stationen quergeteilt.

Geräte: 10 Handbälle, 4 bis 6 Malstangen, 4 Matten, 2 Hochsprungständer, 2 große Kästen

Übungsbeschreibung

Es sind insgesamt 10 Stationen aufgebaut, die nebeneinander stehen. Die Teilnehmer bilden 10 Gruppen und verteilen sich beliebig an den einzelnen Stationen. Hat eine Gruppe die geforderte Anzahl der Wiederholungen an der betreffenden Station abgeschlossen, erfolgt ein Wechsel zur nächsten Station. Die Belastungsdosierung bestimmt sich nach der vorher festgelegten Zahl der Übungswiederholungen. Es ist darauf zu achten, daß die Übungen an allen Stationen etwa zur gleichen Zeit beendet sind, da sonst unnötige Wartezeiten entstehen.

1. Station: Slalomdribbeln über eine Strecke von 9 Meter und zurück – 5 Durchgänge.
2. Station: Fallwurf auf die Matte mit Paß zum Partner (4 Meter entfernt) – 3mal 6 Würfe pro Teilnehmer.
3. Station: Fangen und Passen; Würfe gegen eine Wand – Fangen des zurückspringenden Balls (Abstand 4 bis 6 Meter) – 40 Pässe.
4. Station: Fintieren vor einem Hochsprungständer; rechts Ausfallschritt, links vorbei, zur Startlinie zurück; Abstand zwischen Startlinie und Hochsprungständer circa 6 Meter – 10 Durchgänge.
5. Station: Sprungwurf über eine an einen Kasten gelehnte Matte mit Paß zum Partner; Abstand zum Partner circa 6 Meter – 2mal 6 Sprungwürfe pro Teilnehmer.
6. Station: Tempodribbeln über 9 Meter und zurück; anschließend kurze Pause – 5 Wiederholungen.
7. Station: Rücken zur Wurfrichtung; Drehung um das linke Bein (Rechtshänder); Paß während des Fallens auf eine Matte zum 4 bis 6 Meter entfernt stehenden Partner – 3mal 5 Würfe pro Teilnehmer.
8. Station: Fangen und Passen; Bodenpaß gegen eine Wand; Abstand 3 bis 5 Meter – 30 Würfe.
9. Station: Wie Übung an Station 4. – Variation: links Ausfallschritt, rechts am Ständer vorbei und zurück zur Startlinie – 10 Durchgänge.
10. Station: Wie Übung an Station 5. – Variation: aus dem Sprung Bodenpaß zum Partner – 2mal 6 Sprungwürfe pro Teilnehmer.

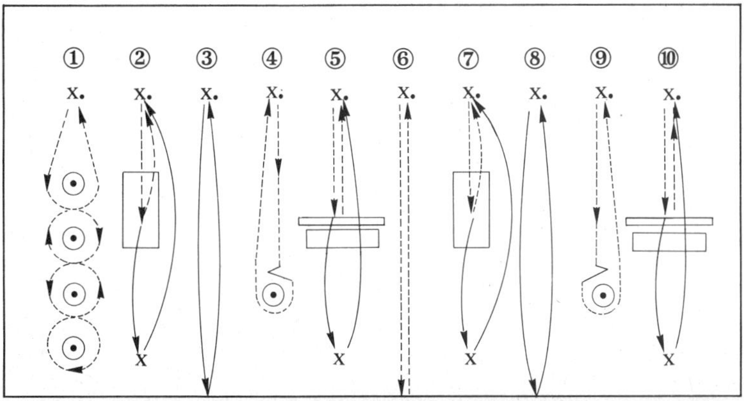

1. Station: Slalomdribbeln um Malstangen

2. Station: Fallwurf auf eine Matte – Paß zum Partner

3. Circuitprogramm Mischform: Volleyball

Zielsetzung: Schulung von technischen Grundformen und physischen Fähigkeiten in Form von Stationskreisen

Organisationsrahmen: quergedrittelte Halle mit 3 Stationskreisen mit je 3 Stationen

Geräte: Volleybälle, Medizinbälle, 1 Volleyballnetz, 5 große Kästen, 4 Matten, 4 Bänke zum Teilen der Halle

Übungsbeschreibung

Es sind insgesamt 3 Stationskreise mit je 3 Stationen aufgebaut. Die Teilnehmer bilden je Stationskreis 3 etwa gleich große Gruppen, die sich jeweils auf einer Station verteilen. Jede Gruppe absolviert eine geforderte Anzahl von Übungswiederholungen; anschließend erfolgt ein Wechsel innerhalb des Stationskreises. Nach Absolvierung aller Übungen eines Stationskreises erfolgt ein Wechsel der Stationskreise. Die Belastungsdosierung bestimmt sich nach vorher festgelegten Übungswiederholungen.

Stationskreis I: Schulung der technischen Grundformen des oberen und unteren Zuspiels und der Schlagkraft

1. Station: 3mal 30 Zuspiele an die Wand im Pritschen (Abstand zur Wand circa 1 Meter).
2. Station: 2-Kilogramm-Medizinball einarmig an die Wand werfen; 15mal rechts und 15mal links (Abstand zur Wand circa 6 Meter).
3. Station: 3mal 30 Zuspiele an die Wand im Bagger (Abstand siehe 1).

Stationskreis II: Schulung der technischen Grundform des oberen Zuspiels, des Blockierens und der Sprung- und Schlagkraft

1. Station: Pritschen über das Netz. Ein Spieler pritscht zum Gruppenersten auf der anderen Seite des Netzes; der Gruppenerste stellt sich wieder hinten an. Jeder pritscht 5 Durchgänge für die Gruppe.
2. Station: Auf einen Kasten springen, Medizinball aufnehmen und Niedersprung auf eine Matte, anschließend Sprung und beidarmiger Wurf über das Netz – 20 Sprünge.
3. Station: Wie Übungen Station 1. – Variation: der Spieler wirft den Ball auf die Netzkante, der Gruppenerste blockiert den Ball.

Stationskreis III: Schulung der technischen Grundform der Feldabwehr und der Sprungkraft

1. Station: Niedersprung vom Kasten, anschließend Sprung an das Basketballbrett – 20mal.
2. Station: Wurf zur Wand, anschließend im Fallen nach vorn beidarmiger Hechtbagger – 20mal.
3. Station: Niedersprung vom Kasten (1 Meter) auf eine Matte und Sprung auf einen Kasten (1,10 Meter) – 20mal.

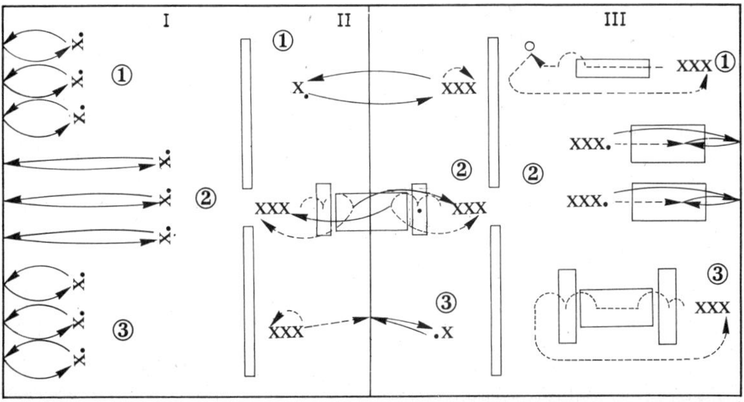

Stationskreis I, 2. Station: Medizinball einarmig gegen eine Wand werfen

Stationskreis II, 3. Station: Blockieren eines angeworfenen Balls

Gerätebezogene Programme

1. Athletik-Programm

Athletische Grundschulung an der Bank

Zielsetzung: Entwicklung von Bauch- und Rückenmuskulatur, Stütz- und Beinkraft, Ausdauer

Organisationsrahmen: 6 Bänke werden in gleichmäßigen Abständen auf die Außenlinien des Volleyballfelds (Basketballfelds) gestellt.

Geräte: 6 Bänke

Übungsbeschreibung

1. 3 bis 4 Minuten gemeinsames Laufen mit Lockerungsübungen außen um die Bänke herum. Anschließend verteilen sich die Läufer gleichmäßig auf die Bänke.
2. Rückenlage, Füße unter der Sitzfläche der Bank. Schnelles Aufrichten aus dem Liegen. Bei gestreckten Beinen beide Hände weit über die Sitzfläche der Bank schieben – 10mal.
3. In der Vorwärtsbewegung beidbeiniges Hüpfen über die Bank aus dem Seitstand. 6 bis 8 Sprünge pro Durchgang – 5mal.
4. Staffellauf. Alle Teilnehmer sitzen auf den Bänken mit Blickrichtung in den Innenraum. Je zwei Gruppenmitglieder laufen gleichzeitig eine schnelle Runde. Wenn der langsamere Läufer wieder auf seiner Bank sitzt, darf das nächste Paar loslaufen – 4mal.
5. Rückenlage. Hände unter der Sitzfläche der Bank. Schnelles Anheben der gestreckten Beine, mit den Füßen die Sitzfläche der Bank berühren – 10mal.
6. Liegestütz mit den Füßen auf der Bank. Die Teilnehmer absolvieren zwei Durchgänge mit einer kurzen Pause dazwischen. Die Anzahl der Belastungen richtet sich nach dem Leistungsvermögen.
7. Wie 4., nur laufen die Teilnehmer in der Staffel zwei Runden pro Durchgang – 3mal.

Übungsdauer: circa 20 Minuten

Variation: Mit Hilfe der 6 Bänke wird die Halle in 3 Räume quergeteilt. In diesen Räumen kann man sowohl Übungsformen zur Technik und Taktik als auch kleine Spiele durchführen.

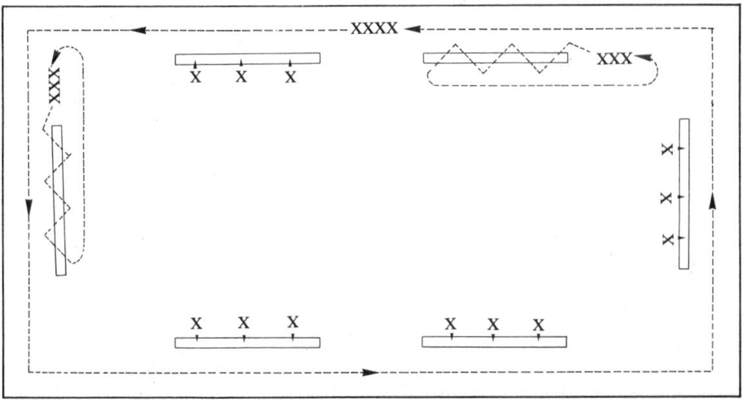

Übung 2, 5 und 6: Gleichzeitige Ausführung an einer Bank

Übung 3: Hüpfen aus dem Seitstand über eine Bank

2. Athletik-Programm

Athletische Grundschulung mit Hilfe von Matten

Zielsetzung: Entwicklung von Ausdauer, Gewandtheit, Arm- und Beinkraft, Bauch- und Rückenmuskulatur

Organisationsrahmen: Der Organisationsrahmen wird von 8 bis 10 Matten gebildet, die gleichmäßig auf den Außenlinien des Volleyballfelds (Basketballfelds) verteilt werden.

Geräte: 8 bis 10 Matten

Übungsbeschreibung

1. 3 bis 4 Minuten gemeinsames Laufen mit Lockerungs- und Reaktionsübungen außen um die Matten herum.
2. 6 Minuten Dauerlauf, anschließend 2 Runden Gehen und danach gleichmäßiges Aufteilen der Läufer auf alle Matten.
3. Die folgenden Übungen sollen nacheinander durchgeführt werden:

a) 6mal Rolle vorwärts, Aufstehen ohne Einsatz der Hände.

b) 8mal Überhüpfen der querliegenden Matte in der tiefen Hocke ohne zwischenzeitliches Aufrichten.

c) 8mal Taschenmesser (schnellkräftiges Anheben von Beinen und Rumpf zur gleichen Zeit aus der Rückenlage).

d) 8mal aus dem Kniestand in den Liegestütz fallen (2 Durchgänge).

4. 6 Runden laufen im mittleren Tempo.

Übungsdauer: circa 20 Minuten

Variation: Die vorhandenen Matten werden gleichmäßig an den beiden Längsseiten der Halle ausgelegt, so daß je zwei sich gegenüberliegende Matten eine Station für Übungsformen in der quergeteilten Halle bilden können.

Übung 3a: Rolle vorwärts – Aufstehen ohne Einsatz der Hände

Übung 3b: Hüpfen über die querliegende Matte – ohne Aufrichten

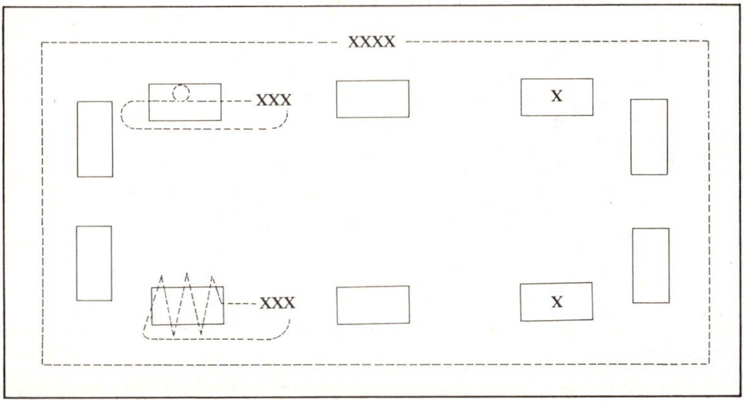

Übung 3c: Taschenmesser; 3 Teilnehmer an einer Matte

Übung 3d: Kniestand – Liegestütz

3. Athletik-Programm

Athletische Grundschulung mit Hilfe von kleinen Kästen

Zielsetzung: Entwicklung des Reaktionsvermögens, der Arm-, Bein-, Bauch- und Rückenmuskulatur

Organisationsrahmen: An den beiden Längsseiten der Halle werden je 4 kleine Kästen in gleichen Abständen aufgestellt. Zwischen jedem Kastenpaar liegen in der Hallenmitte 2 Matten, so daß eine Querteilung der Halle in 4 Stationen entsteht. Der Abstand der Geräte bei jeder Station muß so gewählt sein, daß die Teilnehmer die Zwischenräume überspringen können.

Geräte: 8 kleine Kästen, 8 Matten

Übungsbeschreibung

1. 4 bis 5 Minuten Einlaufen mit verschiedenen Aufgabenstellungen. Alle Teilnehmer bewegen sich frei in der Halle. Sie dürfen kein Gerät berühren. Auf verschiedene optische bzw. akustische Signale des Übungsleiters sind zum Beispiel folgende Aufgaben zu erfüllen:
   eine schnelle Runde laufen,
   auf einen kleinen Kasten stellen,
   Rolle vorwärts auf einer Matte.

Nach dem Einlaufen begeben sich je zwei Teilnehmer an ein Gerät.

2. Die Gruppen üben im Wechsel an den Geräten:

a) Matten: Aus dem Stand in den Liegestütz fallen – 8mal.
Kästen: Einbeinige Strecksprünge auf den kleinen Kasten im Wechsel rechts-links – 12mal pro Bein.
Zwei Durchgänge an jedem Gerät.

b) Matten: Rolle vorwärts – Strecksprung mit halber Drehung – 6mal.
Kästen: Rückenlage. Die Hände berühren die Seitenwände des Kastens. Schnelles Anheben der gestreckten Beine, mit den Füßen die Kastenoberfläche berühren – 10mal.
Zwei Durchgänge an jedem Gerät.

3. Die Teilnehmer stellen sich an der einen Längsseite der Halle in 4 gleich großen Gruppen hinter den kleinen Kästen auf.

a) Sprünge von Gerät zu Gerät (Kasten–Matte–Matte–Kasten) – 3 Durchgänge

b) Sprung über den Kasten – Rollen auf den Matten – Sprung über den Kasten – 3 Durchgänge.

4. 4 Runden laufen, außen um die Geräte herum.

Übungsdauer: 20 bis 25 Minuten

Variation: Der Organisationsrahmen kann ohne Veränderung für technische und taktische Übungsformen übernommen werden.

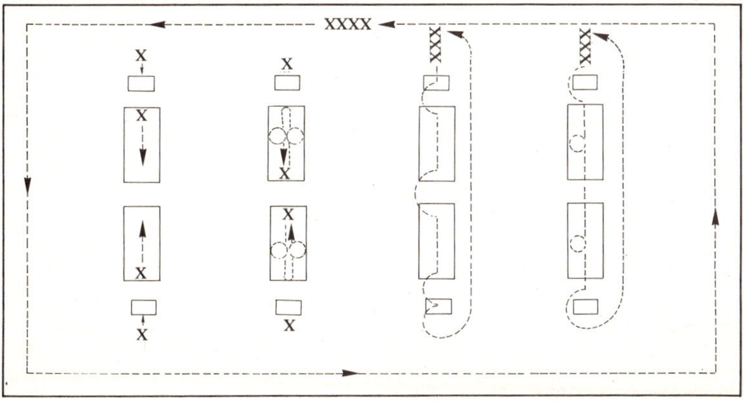

Übung 2a: Einbeinige Strecksprünge auf den kleinen Kasten; 2 bis 4 Teilnehmer an einem Gerät

Übung 2b: Kasten – Rückenlage; Berühren des Kastendeckels mit den Füßen; 2 bis 4 Teilnehmer an einem Gerät

4. Athletik-Programm

Athletische Grundschulung mit Hilfe von Matten, kleinen und großen Kästen

Zielsetzung: Schulung des Reaktionsvermögens, Entwicklung von Stütz- und Beinkraft, Ausdauer

Organisationsrahmen: In der längsgeteilten Halle werden 4 Gerätebahnen aufgestellt. Jede Bahn besteht aus einem kleinen Kasten, einer Matte, einem großen Kasten. Die Geräte stehen in gleichen Abständen voneinander entfernt.

Geräte: 4 kleine Kästen, 4 Matten, 4 große Kästen

Übungsbeschreibung

1. Die Teilnehmer laufen paarweise hintereinander durch die Halle. Der Hintermann muß die Übungen und Bewegungen des Vordermanns nachvollziehen. Die aufgestellten Geräte können mitbenutzt werden. Auf ein Zeichen des Übungsleisters wechseln die Partner ihre Rollen. Dauer 4 Minuten. Nach dem Einlaufen begeben sich je 3 Teilnehmer an ein Gerät.

2. Die Gruppen üben im Wechsel an den Geräten:
kleine Kästen: Liegestütz, Füße auf dem Kastendeckel – 3mal um den Kasten herumstützeln.
Matten: Rolle rückwärts – 5mal.
große Kästen: Aufhocken – Niedersprung – 5mal
Zwei Durchgänge an jedem Gerät.

3. Staffellauf. Die Teilnehmer stellen sich in 4 gleich großen Gruppen hinter den großen Kästen auf. Der einzelne Teilnehmer hat folgende Übungen auszuführen:
Überwinden des großen Kastens,
Rolle vorwärts auf der Matte,
Berühren des kleinen Kastens,
Rückkehr zur Ausgangsposition.

Hinweis zur Intensivierung: Der nächste Teilnehmer beginnt seine Übungen, wenn der Vorgänger den kleinen Kasten berührt hat. Eine weitere Möglichkeit wäre, daß zwei Teilnehmer gleichzeitig ablaufen.

Belastung: 4 Läufe pro Teilnehmer.

Übungsdauer: 20 Minuten

Variation: Die Matten werden an die kleinen Kästen gelegt. Dieser veränderte Aufbau eignet sich zum Beispiel sehr gut für Zielwurfübungen im Handball.

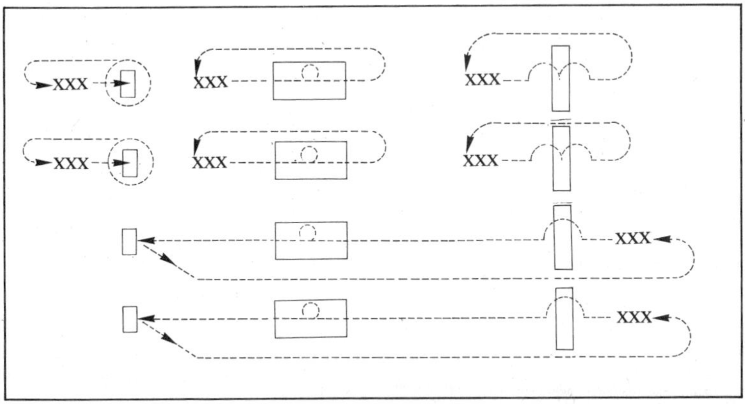

Übung 1: Paarweises Einlaufen

Übung 2: Um einen kleinen Kasten herumstützeln; 3 Teilnehmer an einem Gerät

Raumbezogene Programme

5. Athletik-Programm

Athletische Grundschulung in einer zweifach geteilten Halle

Zielsetzung: Schulung von Ausdauer sowie Entwicklung von Kraft mit und ohne Medizinball an der Bank

Organisationsrahmen: Die Halle wird durch Bänke, die auf den Außenlinien des Volleyballfelds (Basketballfelds) stehen, in einen Außen- und einen Innenraum geteilt.

Geräte: 6 Bänke, Medizinbälle

Übungsbeschreibung

Die Teilnehmer bilden 2 Gruppen und führen die folgenden Übungen im Wechsel durch.

1. Ausdauerlauf im Außenraum – Dauer: 9 Minuten.

Wechsel der Laufrichtung nach 4:30 Minuten.

2. Kraftschulung an der Bank mit und ohne Medizinball.

a) Einbeinige Strecksprünge von der Sitzfläche der Bank, im Wechsel links-rechts. Ein Medizinball wird bei der Ausführung mit beiden Händen über dem Kopf gehalten – 12 Sprünge pro Bein.

b)Rückenlage, Füße an der Bank. Rumpf heben und senken. Mit dem in den Händen gehaltenen Medizinball die Sitzfläche der Bank berühren – 10mal.

c) Rückenlage, Hände an der Bank, Arme gestreckt. Heben und Senken der gestreckten Beine, die einen Medizinball festhalten – 6mal.

d) Füße auf der Bank. Liegestütz. Auf den Händen in Richtung Bank gehen (Katzenbuckel) – 6mal vor und zurück.

e) Hüpfen über die Bank aus dem Seitstand mit Medizinball in den Händen – 12mal.

f) Bauchlage, Hände an der Bank. Anheben beider Beine, die einen Medizinball halten – 10mal.

Übungsdauer: circa 20 Minuten

Variation: siehe 1. Athletikprogramm

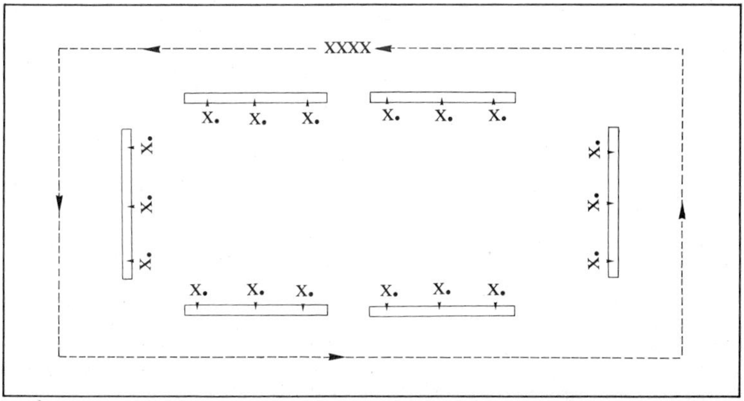

Übung 2a: Einbeinige Strecksprünge links-rechts mit Medizinball

Übung 2b: Rumpfheben mit Medizinball; 4 bis 6 Teilnehmer

Übung 2c: Heben der gestreckten Beine mit gehaltenem Medizinball

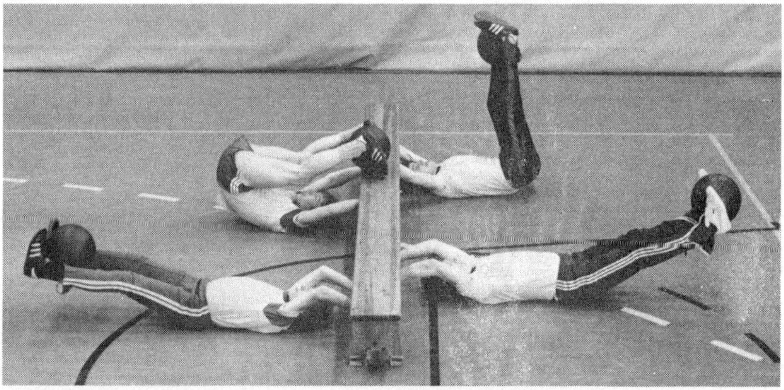

6. Athletik-Programm

Athletische Grundschulung in der zweifach geteilten Halle

Zielsetzung: Schulung von Ausdauer sowie Entwicklung von Kraft mit dem Medizinball – Einzel- und Partnerübungen

Organisationsrahmen: Die Halle wird durch Bänke, die auf den Außenlinien des Volleyballfelds (Basketballfelds) stehen, in einen Außen- und einen Innenraum geteilt.

Geräte: 6 Bänke, Medizinbälle

Übungsbeschreibung

Die Teilnehmer bilden 2 Gruppen und absolvieren im Wechsel die folgenden Übungen.

1. Ausdauerlauf im Außenraum – Dauer: 6 Minuten.
2. Einzelübungen mit dem Medizinball:

a) Hochstoßen des Medizinballs links-rechts im Wechsel – 12 Belastungen pro Arm.

b) Hochwerfen des Medizinballs, schnell hinsetzen, wieder aufstehen und den Ball fangen – 6mal.

c) Ball hochwerfen, hinter dem Rücken fangen und wieder zurückwerfen – 10mal.

d) Ball am Boden. Über den Ball hüpfen – 16mal.

e) Ball aus der Bogenspannung von hinten durch die gegrätschten Beine nach vorn werfen – 10 Versuche.

f) Rückenlage. Der Ball ist zwischen den Füßen eingeklemmt. Den Ball mit den Füßen hinter dem Kopf auf dem Boden ablegen. Danach wird der Ball mit den Händen gefaßt und wieder nach vorn zwischen die Füße gelegt – 8mal.

3. Ausdauerlauf – 6 Minuten.
4. Partnerübungen mit dem Medizinball:

a) Medizinball passen – Entfernung 3 bis 4 Meter – 10 Würfe beidarmig, 10 Würfe rechts, 10 Würfe links.

b) Bauchlage – Entfernung der Partner voneinander 2 bis 3 Meter. Den Ball mit beiden Händen zum Partner stoßen. Der Ball darf den Boden nicht berühren – 10mal.

c) siehe 4a

d) siehe 4b

Übungsdauer: 25 bis 30 Minuten

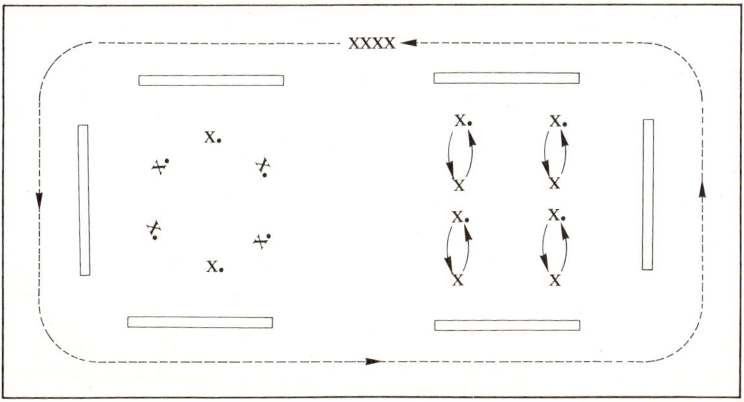

Übung 2c: Medizinball fangen hinter dem Rücken und zurückwerfen

Übung 2e: Medizinball von hinten durch die gegrätschten Beine werfen

Übung 2f: Medizinball mit den Füßen hinter dem Kopf ablegen

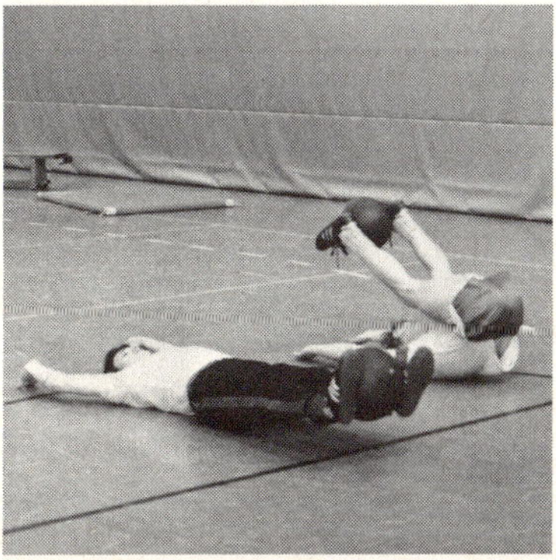

Übung 4b: Bauchlage – Medizinball zustoßen

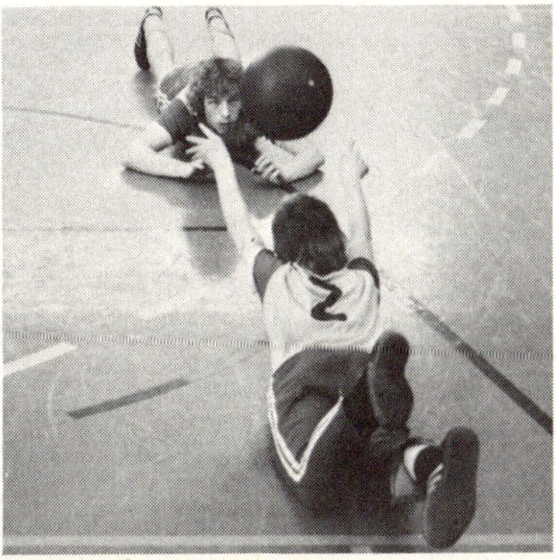

7. Athletik-Programm

Athletische Grundschulung in einer einmal längsgeteilten Halle

Zielsetzung: Schulung von Schnelligkeit, Ausdauer, Beweglichkeit und Sprungkraft

Organisationsrahmen: Die Halle wird durch 4 Bänke der Länge nach in 2 Hälften geteilt. In der einen Hälfte stehen 4 Malstangen als Wendemarken für die Laufübungen, in der anderen Hälfte befinden sich 5 kleine Kästen, 4 Matten und 2 Bänke.

Geräte: 5 kleine Kästen, 4 Matten, 6 Bänke, 1 Weichboden, 4 Malstangen

Übungsbeschreibung

Die Teilnehmer bilden 2 Gruppen und üben im Wechsel in den Räumen 1 und 2.

1. 6 Runden Einlaufen mit Lockerungsübungen für die Bein-, Arm- und Schultermuskulatur. Anschließend Sprints über 10 bis 25 Meter. Auslauf durch Weichboden absichern (siehe Hallengrundriß). Langsames Zurücktraben zum Start – 10 Sprints.

2. Circuitprogramm. 30 Sekunden Belastung – 30 Sekunden Erholung – 3 Durchgänge. Die Teilnehmer verteilen sich gleichmäßig auf 3 Stationen.

a) Beidbeiniges Hüpfen auf einen kleinen Kasten.

b) Große Rückenschaukel. Rückenlage. Anheben der gestreckten Beine, mit den Fußspitzen hinter dem Kopf den Boden berühren. Zurückschwingen in den Strecksitz, Rumpfbeugen, Vorfassen vor die Füße.

c) Nachstellschritte seitwärts zwischen zwei 5 Meter voneinander entfernt stehenden Bänken. Die Sitzfläche der Bank muß jeweils mit beiden Händen berührt werden (Japan-Test).

Übungsdauer: circa 20 Minuten

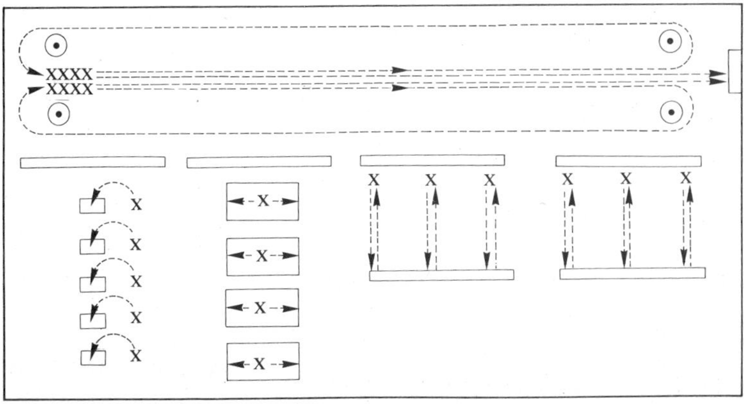

Übung 2a: Beidbeiniges Hüpfen auf einen kleinen Kasten

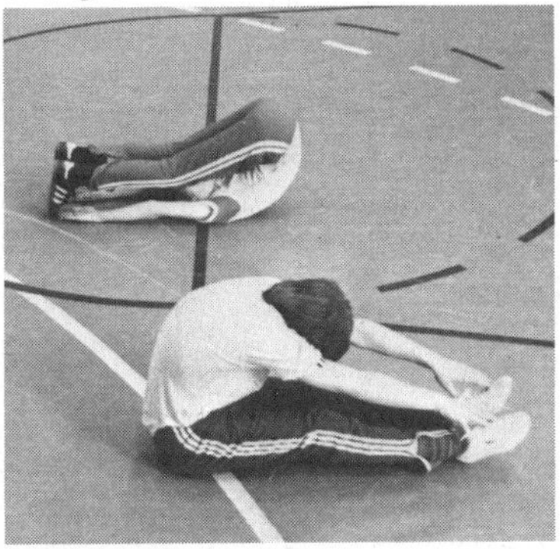

Übung 2b: Rückenschaukel

Übung 2c: Japan-Test

8. Athletik-Programm

Athletische Grundschulung an zwei Stationen in der einmal längsgeteilten Halle

Zielsetzung: Schulung von Sprungkraft, Ausdauer, Schnelligkeit, Beweglichkeit; Lockerungs- und Dehnungsgymnastik

Organisationsrahmen: Die Halle wird durch 3 Bänke in der Mitte längsgeteilt. Die eine Hallenhälfte wird in der Mitte durch eine 50 Zentimeter hohe Zauberschnur, die zwischen 2 Böcken gespannt ist, quergeteilt. Außerdem werden 2 Bänke aufgestellt.

Geräte: 5 Bänke, 2 Böcke, 1 Zauberschnur

Übungsbeschreibung

Die Teilnehmer bilden 2 gleich große Gruppen und absolvieren in den beiden Räumen die folgenden Übungen im Wechsel.

1. Gruppe: a) 6 Runden Einlaufen außen um die Geräte herum.

b) Staffellauf in 4 Gruppen. Die Gruppen stellen sich an einer Stirnseite der Halle hintereinander auf. Jeder Teilnehmer erfüllt während eines Laufs folgende Aufgaben: Sprung über die Bank – Unterkriechen der Zauberschnur – Sprung über die Bank – Berühren der gegenüberliegenden Hallenwand – Rückweg zur Gruppe wie Hinweg – 5 Läufe pro Teilnehmer.

2. Gruppe: Lockerungs- und Dehnungsgymnastik. Einzel- und Partnerübungen. Die Dauer der gymnastischen Übungen wird der Laufschulung angepaßt.

a) Lockeres Gleichkreisen der Arme seitlings-vorwärts mit unterstützendem Kniewippen.

b) Grätschwinkelstand, Arme in Seithalte. Entspanntes Vorfallenlassen des Rumpfs und der Arme, anschließend wieder aufrichten.

c) Arme in Schlaghalte. Arme schräg-rückwärts-aufwärts schwingen – Zehenstand.

d) Schritt-Drehkniebeuge. Kniebeugen, Rumpfdrehen rechts-rückwärts bis zum Berühren der linken Ferse mit der rechten Hand und umgekehrt.

e) Doppelwippe. Winkelstand, Hände auf den Schultern des Partners; Rumpfwippen abwärts.

f) Weiter Grätschstrecksitz. Fußsohlen der Partner gegeneinandergestemmt. Partner fassen die Hände und ziehen sich im Wechsel in die Rumpfbeuge, Beine bleiben dabei gestreckt.

g) Spannbeugehang. Partner stehen Rücken an Rücken, Arme in Hochhalte. Partner fassen die Hände, Rumpfbeugen vorlings im Wechsel. Ein Partner wird jeweils in den Hang rücklings gehoben.

Übungsdauer: 20 bis 25 Minuten

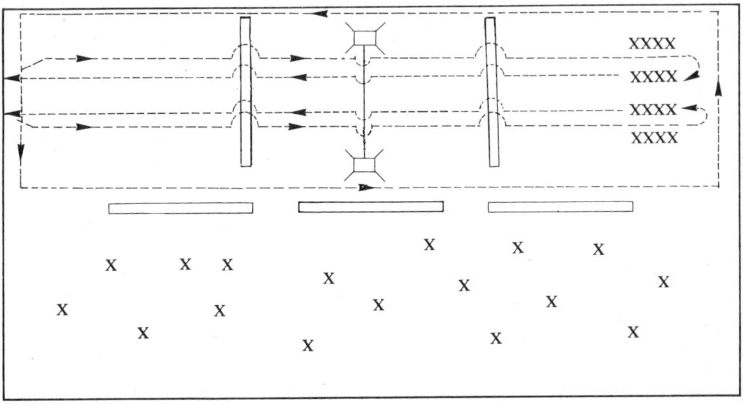

Übung 2d: Schritt-Drehkniebeuge

Übung 2e: Doppelwippe

Übung 2f: Grätschstrecksitz

Übung 2g: Spannbeugehang

9. Athletik-Programm

Athletische Grundschulung in der dreigeteilten Halle

Zielsetzung: Schulung von Ausdauer, Schnelligkeit, Sprung-, Wurf- und Stützkraft

Organisationsrahmen: Die Raumaufteilung der Halle erfolgt durch Bänke.
Raum 1: 1 Bank, 4 Malstangen
Raum 2: 8 kleine Kästen für den Aufbau von 2 Stationen
Raum 3: 1 großer Kasten, 1 Matte, 4 bis 5 Medizinbälle

Geräte: 4 Bänke, 8 kleine Kästen, 4 Malstangen, 1 großer Kasten, 1 Matte, 4 bis 5 Medizinbälle

Übungsbeschreibung

Die Teilnehmer bilden 3 Gruppen und führen die angegebenen Übungen im Wechsel durch.

1. Gruppe:

Gemeinsames Einlaufen – 2 bis 3 Runden. Laufweg wie im Hallengrundriß angegeben. Anschließend Sprint von A um B herum nach A. Danach langsames Traben nach D um C herum – zurück nach A – 5mal.

2. Gruppe:

a) Überhüpfen von 4 kleinen Kästen im Strom – 12 Sprünge.

b) Füße auf dem kleinen Kasten. Liegestütz. Im Liegestütz von Kasten zu Kasten bewegen – einmal um alle Kästen herum.

c) Rückenlage, die Hände berühren die Seitenwände des Kastens. Schnelles Anheben der gestreckten Beine, mit den Füßen den Kastendeckel berühren – 10mal.

2 bis 3 Durchgänge an jeder Station.

3. Gruppe:

Die Teilnehmer üben in 2 Gruppen im Wechsel an den Stationen.

a) Überhocken eines quergestellten großen Kastens, anschließend Rolle vorwärts – 7mal.

b) Rückenlage, Füße 4 Meter von der Hallenwand entfernt. Schnelles Aufrichten mit einem Medizinball in beiden Händen, Wurf gegen die Wand – 20mal.

2 bis 3 Durchgänge an jeder Station.

Übungsdauer: circa 25 Minuten

Variation: Der Organisationsrahmen kann ohne Veränderung für die Schulung technischer und taktischer Übungsformen übernommen werden. Raum 1 eignet sich gut für Übungen in der schnellen Bewegung, Raum 2 und 3 für Aufgaben ohne oder mit nur geringer Ortsveränderung.

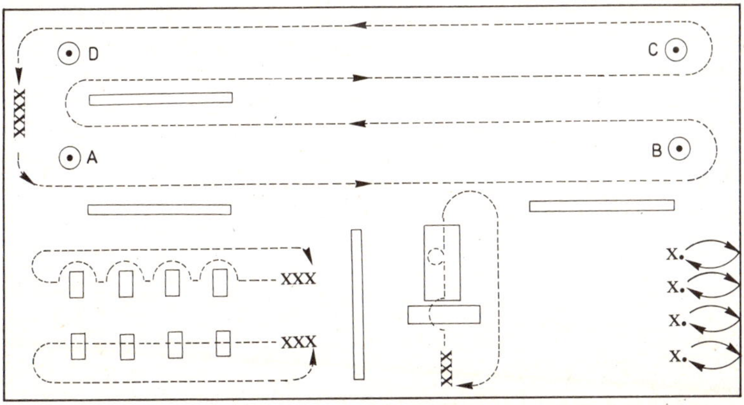

2. Gruppe, Übung a: Überhüpfen von kleinen Kästen

2. Gruppe, Übung b: Liegestütz von Kasten zu Kasten

3. Gruppe, Übung a: Überhocken von quergestelltem Kasten – Rolle vorwärts

10. Athletik-Programm

Athletische Grundschulung in der dreigeteilten Halle

Zielsetzung: Schulung von Ausdauer und Beweglichkeit sowie allgemeine Kraftschulung

Organisationsrahmen: Die Halle wird durch 4 Bänke in 3 Räume geteilt.
Raum 1: 7 kleine Kästen, 2 Matten, 4 Malstangen
Raum 2: 1 bis 2 Bänke
Raum 3: 2 Sprungbretter, 2 große Kästen, 2 Weichböden

Geräte: 5 bis 6 Bänke, 4 Malstangen, 7 kleine Kästen, 2 große Kästen, 2 Matten, 2 Weichböden, 2 Sprungbretter

Übungsbeschreibung

Die Teilnehmer werden in 3 Gruppen geteilt und absolvieren die folgenden Übungen im Wechsel.

1. Die Teilnehmer laufen außen um die Malstangen herum. Nach 2 Runden wird folgende Aufgabe im Innenraum durchgeführt: Rolle vorwärts – Zickzacklauf von Kasten zu Kasten (beide Hände berühren jeweils die Sitzfläche des kleinen Kastens) – Rolle vorwärts. Anschließend werden wieder 2 Runden gelaufen.

Übungsdauer: 6 Minuten

2. Partnerübungen mit dem Medizinball. Würfe und Stöße über eine Bank.

a) Rückenlage. Schnelles Aufrichten mit dem Ball über dem Kopf. Beidhändiger Wurf zum Partner, mit den Händen bis zu den Fußspitzen durchfedern – 12mal.

b) Bauchlage. Beidarmiges Stoßen des Medizinballs über die Bank zum Partner – 12mal.

c) Medizinballwürfe zum Partner im Grätschstrecksitz. 15 Würfe rechts, 15 Würfe links.

Übungsdauer: 6 Minuten (eventuell verlängern oder verkürzen)

3. Übungen am längsgestellten Kasten mit Weichboden.

a) Aufhocken auf den Kasten – Strecksprung auf den Weichboden.

b) Aufhocken – abgrätschen.

c) Aufknien – Rolle auf dem Kasten.

d) Bauchlage auf dem Kasten – Abrollen auf den Weichboden.

e) Aufhocken – Strecksprung mit ganzer Drehung um die Längsachse auf den Weichboden.

Jede Übung wird von den Teilnehmern 2- bis 3mal ausgeführt.

Übungsdauer: circa 20 bis 25 Minuten

Variation: siehe 9. Athletikprogramm

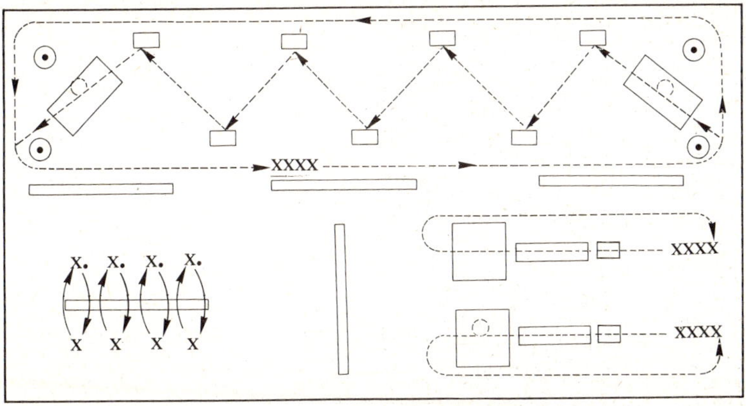

Übungen 2a–c: Kombination an einer Bank

Übung 3d: Abrollen auf einen Weichboden

Übung 3e: Drehung um Längsachse bei Strecksprung auf einen Weichboden

11. Athletik-Programm

Athletische Grundschulung in einer vierfach geteilten Halle

Zielsetzung: Schulung der Beweglichkeit in der Bewegung, Entwicklung von Stützkraft und Beinkraft

Organisationsrahmen: Die Halle wird durch 2 Bänke und 1 gespannte Zauberschnur in 4 gleich große Räume geteilt.
Raum 1: 1 bis 2 Bänke, Seile
Raum 2: 2 Böcke, 1 Weichboden, Seile
Raum 3: 5 kleine Kästen, Seile
Raum 4: 2 Bänke, Seile

Geräte: 5 bis 6 Bänke, 5 kleine Kästen, 2 Böcke, 1 Weichboden, 1 Sprungbrett, 1 Zauberschnur, 15 Seile

Übungsbeschreibung

Die Teilnehmer bilden 4 gleich große Gruppen. Jede Gruppe übt in ihrem Raum gleichzeitig an 2 Stationen. Danach wechseln die Gruppen im Uhrzeigersinn. Vorschläge zur Durchführung:

a) In jedem Raum an jeder Station 30 Sekunden Belastung – 30 Sekunden Erholung. 2 Durchgänge pro Station.

b) 2 Durchgänge an jeder Station nach vorgegebener Zahl von Wiederholungen.

c) Die Gruppen üben 4 Minuten in einem Viertel nach vorgegebener Zahl von Wiederholungen pro Station. Die Anzahl der Durchgänge wird somit vom Leistungsvermögen der Teilnehmer bestimmt.

1. Gruppe: a) Liegestütz rücklings – Füße auf der Bank. Der Teilnehmer soll seitwärts einmal um die zusammengestellten Bänke herumstützeln.
b) Seilspringen – 30- bis 50mal pro Durchgang.

2. Gruppe: a) Grätsche über einen Bock – Rolle auf dem Weichboden – Unterkriechen eines weiteren Bocks – Berühren der gegenüberliegenden Hallenwand – Rückkehr zum Ausgangspunkt – 5- bis 7mal.
b) siehe 1 b

3. Gruppe: a) Nachstellschritte seitwärts zwischen 3 oder 5 kleinen Kästen 3mal links, 3mal rechts herum.
b) siehe 1 b

4. Gruppe: a) Sprint zwischen zwei 6 Meter voneinander entfernt stehenden Bänken. Bei Ankunft an einer Bank soll sich der Läufer hinsetzen – 12mal.
b) siehe 1 b

Übungsdauer: individuell zwischen 15 und 25 Minuten

Variation: Der Organisationsrahmen kann ohne große Veränderungen für Technik-Taktikübungen übernommen werden. Zum Beispiel: a) Dribbeln um die kleinen Kästen, b) Pritschen über die Zauberschnur, c) Fallwürfe auf dem Weichboden.

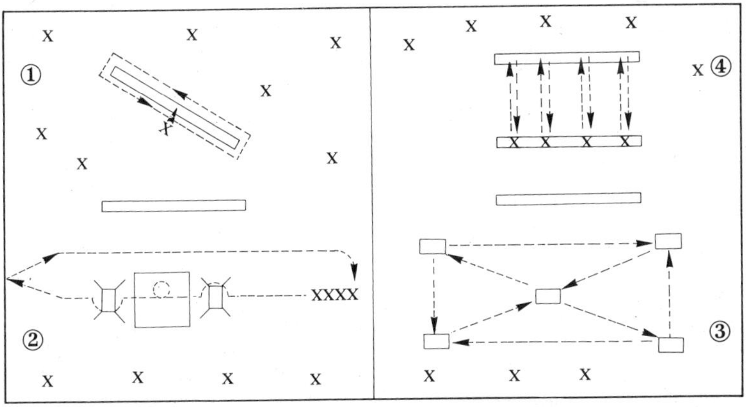

1. Gruppe, Übung a: Liegestütz rücklings – Füße auf der Bank

3. Gruppe, Übung a: Nachstellschritte seitwärts zwischen Kästen

4. Gruppe, Übung a: Sprint – Hinsetzen

12. Athletik-Programm

Athletische Grundschulung in einer vierfach geteilten Halle

Zielsetzung: Entwicklung von Stütz-, Wurf-, Sprungkraft sowie Schulung von Beweglichkeit und Gewandtheit

Organisationsrahmen: Die Halle wird durch 1 Zauberschnur und 2 auf die Sitzfläche gestellte Bänke in 4 gleich große Räume geteilt.
Raum 1: 1 Barren, 4 Bänke, Medizinbälle
Raum 2: 2 große Kästen, 2 Matten, Medizinbälle
Raum 3: 5 bis 6 Malstangen, Medizinbälle
Raum 4: 4 bis 5 Matten

Geräte: 6 Bänke, 6 Matten, 5 bis 6 Malstangen, 12 Medizinbälle, 1 Zauberschnur, 1 Barren

Übungsbeschreibung

Die Teilnehmer bilden 4 Gruppen.

Vorschläge zur Durchführung: siehe 11. Athletikprogramm.

1. Gruppe:

a) 3 oder 4 Bänke werden an den Holmen eines Barrens eingehängt. Der Übende faßt das freie Ende der Bank mit beiden Händen und stemmt die Bank so hoch wie möglich (evtl. Sicherheitsstellung) – 10- bis 12mal.

b) Würfe mit dem Medizinball an die Wand. Entfernung zur Wand 1,5 Meter – 10 bis 15 Würfe rechts.

2. Gruppe:

a) Überwinden von 2 quergestellten Kästen – Berühren der gegenüberliegenden Wand – Balancieren über die auf der Sitzfläche stehende Bank – zurück zur Ausgangsposition – 4 Runden.

b) Bauchlage – Entfernung zur Hallenwand 2 Meter. Den Medizinball gegen die Wand stoßen – 8 Stöße rechts, 8 Stöße links.

3. Gruppe:

a) Slalomlauf um Malstangen – Berühren der gegenüberliegenden Hallenwand – Balancieren über die auf der Sitzfläche stehende Bank – zurück zur Ausgangsposition – 5 Runden.

b) Grätschstrecksitz. Entfernung zur Wand 3 Meter. Beidarmige Würfe gegen die Wand aus der Bogenspannung – 10mal.

4. Gruppe:

Liegestütz. Füße an der Wand. An der Wand hochlaufen zum Handstand. Danach Abrollen. Je nach Leistungsvermögen mit und ohne Hilfestellung. Sind die Übenden in der Lage, die Aufgabe ohne Schwierigkeiten auszuführen, können in diesem Raum Zusatzaufgaben gestellt werden, zum Beispiel Taschenmesser auf der Matte.

Übungsdauer: je nach Gestaltung zwischen 15 und 20 Minuten

Variation: siehe 11. Athletikprogramm

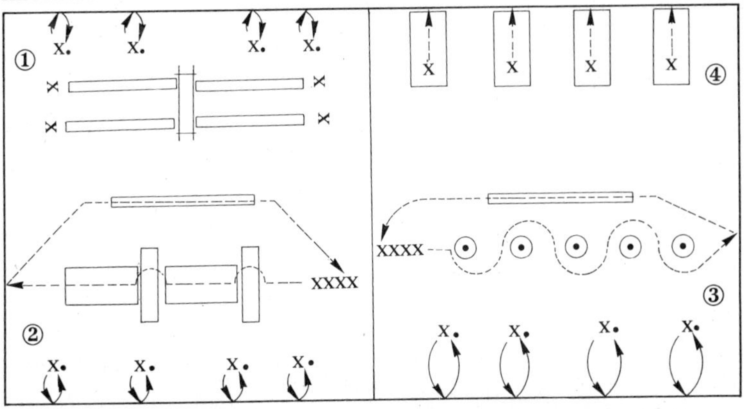

1. Gruppe, Übung a: Stemmen von am Barren aufgehängten Bänken

4. Gruppe: Handstand an der Wand – Abrollen

13. Athletik-Programm

Athletische Grundschulung in einer dreifach längsgeteilten Halle

Zielsetzung: Schulung von Ausdauer, Schnelligkeit, Beweglichkeit und Stützkraft.

Organisationsrahmen: Die Halle wird durch Bänke in 3 gleich große Räume längsgeteilt.
Raum 1: 4 Malstangen
Raum 2: keine Geräte
Raum 3: 3 Bänke, 3 Matten

Geräte: 4 Malstangen, 7 Bänke, 3 Matten

Übungsbeschreibung

Die Teilnehmer bilden 3 gleich große Gruppen. Sie absolvieren nacheinander die für die Räume 1, 2 und 3 angegebenen Übungen.

1. Gruppe:

Gemeinsames Auflockern der Beinmuskulatur. Danach in 2 Staffeln um eine Malstange herumhinken. 18 Meter rechts hin – 18 Meter links zurück – 3 Durchgänge pro Teilnehmer.

2. Gruppe:

Sprints mit Richtungswechsel in Staffelform. Die Länge der Sprintstrekken sind durch die Linien des Volleyballfelds vorgegeben. Beim Richtungswechsel muß die jeweilige Feldlinie mit einer Hand berührt werden. 9 Meter – 3 Meter – 6 Meter – 3 Meter – 9 Meter (siehe Darstellung im Hallengrundriß) – 5 Durchgänge pro Teilnehmer.

3. Gruppe:

Rollen und Nachstellschritte seitwärts zwischen 2 Bänken, dabei die Sitzfläche jeder Bank jeweils 3mal mit beiden Händen berühren – 3 Durchgänge pro Teilnehmer.

Zusätzlich: Nach jedem Durchgang auf den äußeren Bänken im Liegestütz seitwärts zurückstützeln.

Übungsdauer: 15 bis 20 Minuten

Variation: Die längsgeteilte Halle bietet sich für Übungsformen zur Technikschulung in Staffelform an.

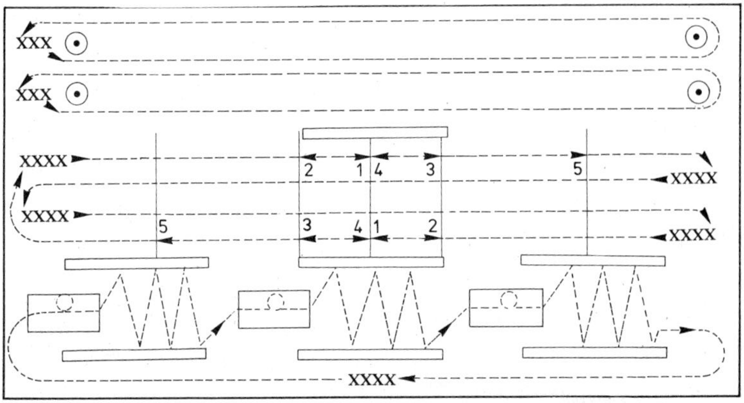

2. Gruppe: Sprints mit Richtungswechsel

3. Gruppe: Rollen und Nachstellschritte zwischen Bänken

14. Athletik-Programm

Athletische Grundschulung in einer dreifach längsgeteilten Halle

Zielsetzung: Schulung von Ausdauer, Kraft und Schnelligkeit

Organisationsrahmen: Die Halle wird durch Bänke in 3 Räume längsgeteilt. Außerdem wird in der Hallenmitte 1 Zauberschnur in Kniehöhe quergespannt. Sie dient für die äußeren Räume als Hindernis, für den Raum in der Hallenmitte als Raumteiler.

Raum 1: 4 Malstangen, 2 kleine Kästen, 2 große Kästen, 2 Matten
Raum 2: 2 Bänke, Medizinbälle
Raum 3: 6 kleine Kästen, 6 Medizinbälle

Geräte: 6 Bänke, 1 Zauberschnur, 2 große Kästen, 2 Matten; je nach Hallenausstattung kleine Kästen oder Kastenteile von großen Kästen

Übungsbeschreibung

Die Teilnehmer bilden 3 Gruppen und absolvieren die angegebenen Übungen im Wechsel.

1. Ausdauerlauf über Hindernisse, Überspringen von kleinen Kästen, Überwinden von quergestellten großen Kästen, unter einer Zauberschnur hindurchhechten.

Übungsdauer: 6 Minuten

2. Die Teilnehmer stehen in 4 Gruppen zwischen der Zauberschnur und den beiden aufgestellten Bänken. Sie führen in Staffelform Einzelübungen mit dem Medizinball in der Bewegung durch.

a) Medizinball zwischen den Knien. Hüpfen bis zur Wand und zurück – 2mal pro Teilnehmer.

b) Liegestütz rücklings. Medizinball auf dem Bauch. Bewegen bis zur Wand und zurück – 2mal pro Teilnehmer.

c) Hüpfen in tiefer Hocke. Medizinball in beiden Händen über dem Kopf. Hüpfen bis zur Wand und zurück – 2mal.

3. Die Teilnehmer üben in 2 bis 3 Gruppen in Staffelform. Der erste Staffelläufer holt nacheinander 2 in 2 umgestülpten kleinen Kästen befindliche Medizinbälle. Dabei muß er die in der Mitte der Halle gespannte Zauberschnur mit Ball überspringen, ohne Ball unterkriechen. Der nächste Läufer bringt die Bälle bei gleicher Aufgabenstellung an der Zauberschnur wieder zurück – 4mal pro Teilnehmer.

Übungsdauer: circa 20 Minuten

Variation: siehe 13. Athletikprogramm

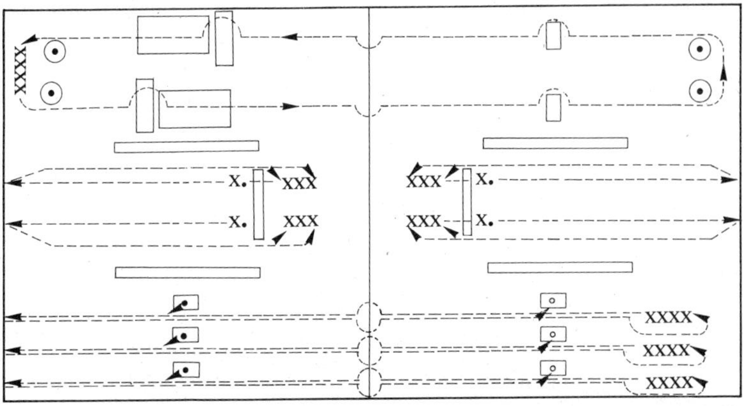

Übung 1: Unter der Zauberschnur hindurchhechten

Übung 2b: Liegestütz rücklings mit Medizinball

Übung 2a: Medizinball zwischen den Knien – Hüpfen

Übung 2c: Hüpfen in der tiefen Hocke mit Medizinball

15. Athletik-Programm

Athletische Grundschulung in einer dreifach quergeteilten Halle

Zielsetzung: Schulung von Ausdauer, Sprung-, Arm- und Wurfkraft

Organisationsrahmen: Die Halle wird durch Bänke in 3 Räume quergeteilt.

Raum 1: 1 Weichboden, 2 große Kästen, 2 Matten, 2 kleine Kästen, 4 Malstangen

Raum 2: 1 Volleyballnetz, Medizinbälle

Raum 3: 3 Barren, 1 Weichboden, 2 Bänke, 4 Malstangen

Geräte: 2 kleine Kästen, 2 Matten, 2 große Kästen, 2 Weichböden, Medizinbälle, 3 Barren, 8 Malstangen, 1 Volleyballnetz, 6 Bänke

Übungsbeschreibung

Die Teilnehmer bilden 3 Gruppen und absolvieren im Wechsel die Übungen, die für die 3 Räume angegeben sind.

1. Gruppe:

Die Teilnehmer stehen jeweils hinter den kleinen Kästen. Es werden Würfe mit dem Medizinball über einen hochgestellten Weichboden ausgeführt, wobei die Übenden während des Wurfs mit beiden Beinen von einem kleinen Kasten abspringen und anschließend auf einer Turnmatte landen. Der Weichboden steht zwischen zwei großen Kästen. Der Übende muß nach dem Wurf eine Runde um die aufgestellten Malstangen laufen.

Übungsdauer: circa 6 Minuten

2. Gruppe:

Partnerübungen mit dem Medizinball.

a) Würfe über das in Reichhöhe gespannte Volleyballnetz – 10 Würfe links, 10 Würfe rechts.

b) Übergeben des Medizinballs nach gleichzeitigem beidbeinigem Absprung über das Netz an den Partner.

c) Den Ball über das Netz hoch in die Luft werfen – den Boden unter dem Netz mit den Händen berühren – den Ball wieder auffangen – Ballübergabe an den nächsten Teilnehmer.

Übungsdauer: circa 6 Minuten

3. Gruppe:

Ausdauerlauf mit Hindernissen. Zwei Bänke werden an den Holmen eines Barrens eingehängt. Die Übenden laufen über diese Bänke auf den Barren hinauf und springen auf einen davorliegenden Weichboden. Anschließend stützeln sie durch zwei Barren und laufen danach um die aufgestellten Malstangen (vergleiche Laufweg im Hallengrundriß).

Übungsdauer: circa 6 Minuten

Übungsdauer: circa 20 Minuten (gesamt)

Variation: siehe 1. Athletikprogramm, Seite 28

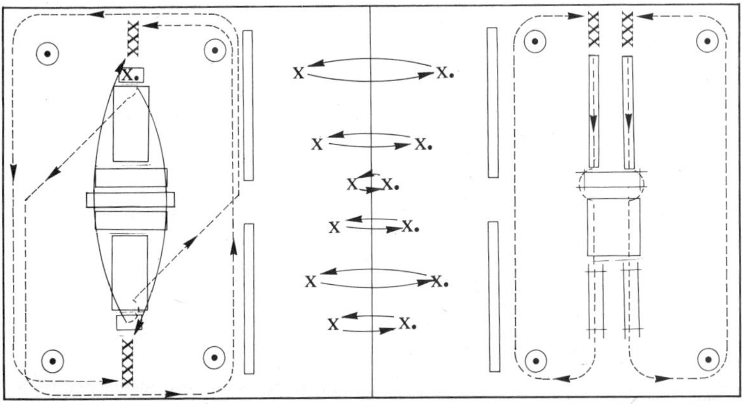

1. Gruppe: Wurf über einen Weichboden

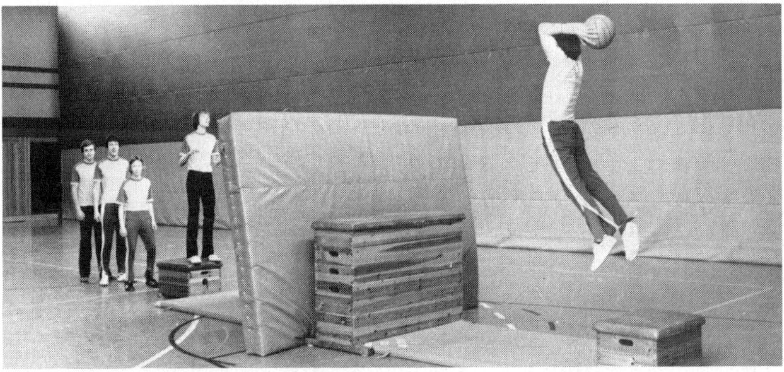

2. Gruppe, Übung b: Übergeben des Medizinballs am Netz

3. Gruppe: Ausdauerlauf mit Hindernissen

16. Athletik-Programm

Athletische Grundschulung in einer dreifach quergeteilten Halle

Zielsetzung: Schulung von Beweglichkeit, Gewandtheit sowie Entwicklung von allgemeiner Kraft und Ausdauer

Organisationsrahmen: Die Halle wird durch 2 Bänke und 5 umgestülpte kleine Kästen bzw. Kastenteile in 3 Räume quergeteilt.
Raum 1: 4 Malstangen, 4 Bänke
Raum 2: 3 kleine Kästen
Raum 3: Sprossenwand, Medizinbälle

Geräte: Sprossenwand, 8 kleine Kästen, 6 Bänke, 4 Malstangen, Medizinbälle

Übungsbeschreibung

Die Teilnehmer bilden 3 Gruppen und üben im Wechsel in den Räumen 1, 2 und 3.

1. Ausdauerlauf um die Malstangen herum. Nach jeder Runde durch die Länge des Raums laufen. Dabei sind folgende Aufgaben zu erfüllen: rhythmisches Laufen über die Bänke (2 Bodenkontakte), über die Bänke hüpfen, Hinken links, Hinken rechts – 5mal.

2. Zickzacksprints in 2 Gruppen mit Zeitnahme. Jeder Teilnehmer läuft im Zickzack über die Breite des Volleyballfelds. Er muß die kleinen Kästen auf der Mittellinie und die Volleyballangriffslinie je 3mal im Wechsel mit einer Hand berühren. Die letzte Berührung erfolgt genau an der Kreuzung Angriffslinie/Außenlinie des Felds. Die Zeitnahme beginnt, wenn die Hand den ersten kleinen Kasten berührt – 3mal pro Teilnehmer.

3. Einzel- und Partnerübungen an der Sprossenwand. Die Teilnehmer sollten paarweise im Wechsel üben, um sich erholen zu können.

a) Einzelübungen (Blick zur Sprossenwand): Hockstand auf der untersten Sprosse, Griff etwas höher. Strecken der Beine – 10mal; Affensprung. Hüpfen an der Sprossenwand von links nach rechts und – 6 Sprünge; Hockstand auf der untersten Sprosse. Griff wenige Sprossen höher. Griffwechsel zu höheren und tieferen Sprossen

b) Partnerübungen: Kniebeugen mit einem Partner auf den Schultern. Beide Teilnehmer halten sich an der Sprossenwand fest – 5mal.

c) Medizinballübungen: Streckhang rücklings. Heben der angewinkelten Beine, Zurückstoßen eines zugeworfenen Medizinballs – 5 Versuche; Rückenlage. Füße unter der untersten Sprosse. Schnelles Aufrichten mit einem über dem Kopf gehaltenen Medizinball. Berühren der Sprossenwand und wieder hinlegen – 8mal.

Die Belastungsangaben sollten vom Übungsleiter überprüft und auf die jeweilige Gruppe abgestimmt werden.

Übungsdauer: 20 bis 25 Minuten

Variation: siehe 1. Athletikprogramm, Seite 28

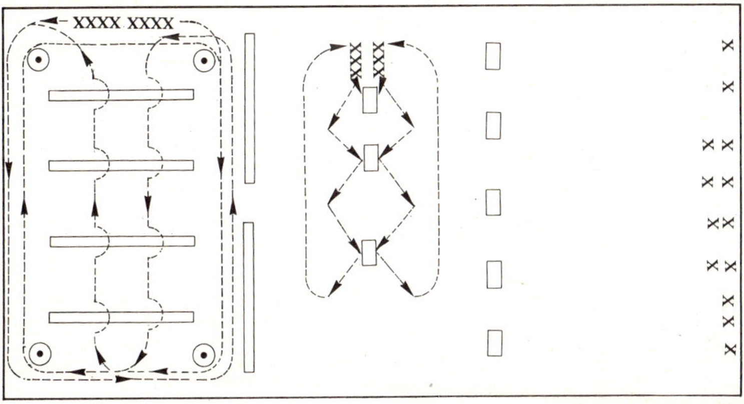

Übung 3a: Affensprung

Übung 3b: Kniebeugen mit Partner

Übung 3c: Zurückstoßen eines Medizinballs

Organisations- und Übungsformen zur Schulung von technischen und taktischen Fertigkeiten im Volleyball

Erlernen und Vervollkommnen des oberen Zuspiels

Hinweise zur Technik und Methodik

Das obere Zuspiel, auch *Pritschen* genannt, sollte in der Ausbildung von technischen Fertigkeiten das erste zu erlernende Spielelement sein. Diese Notwendigkeit ergibt sich aus der Häufigkeit der Anwendung und dadurch, daß mit Hilfe des oberen Zuspiels der Ball am genauesten zum Partner gespielt werden kann.
Man unterscheidet mehrere Arten des oberen Zuspiels. Am häufigsten ist das obere Zuspiel nach vorn über den Kopf. Finger- und Armhaltung unterscheiden sich bei allen Arten nur unwesentlich, so daß man sich bei der Anfängerschulung der Technik auf das obere Zuspiel nach vorn konzentrieren kann. Man sollte auf zwei wesentliche Punkte achten:

1. Fingerhaltung,
2. Körperhaltung zum Ball.

- Finger und Daumen bilden ein offenes Dreieck, die Hände sind zur Korbhaltung geöffnet. Die Hauptarbeit leisten Daumen, Zeige- und Mittelfinger. Die Füße stehen in einer Grätsch-Schrittstellung, der vordere Fuß ist belastet.

- Der Körper muß so unter den Ball gebracht werden, daß der Ball circa 20 cm über der Stirn gespielt werden kann. Für ein hohes Abspiel ist eine Streckung des Körpers notwendig.

Schematische Darstellung der Methodik zum Erlernen und Vervollkommnen des oberen Zuspiels

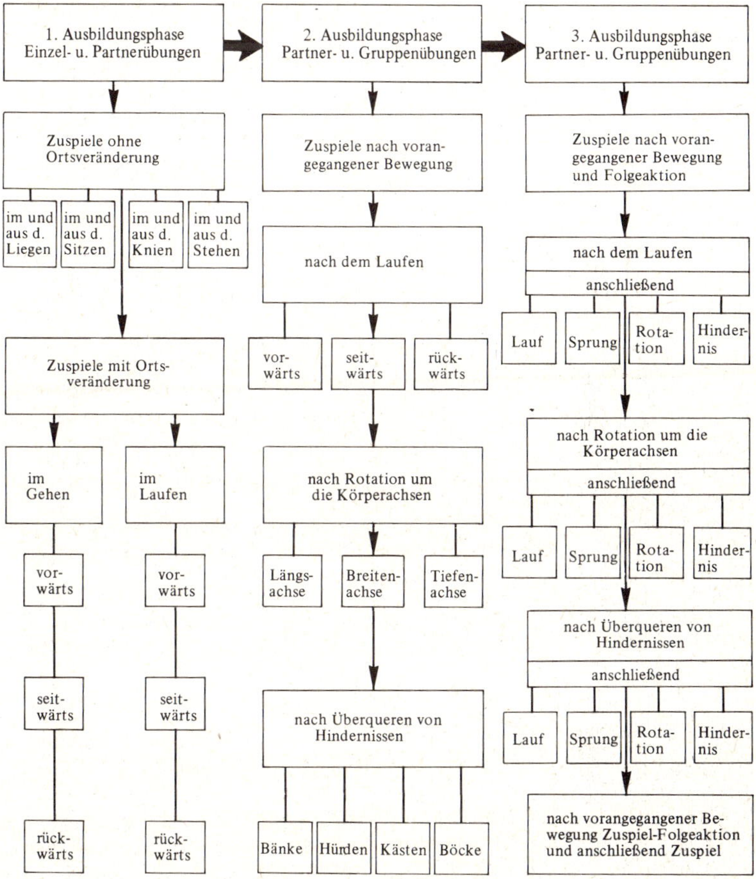

Die Ausbildung des oberen Zuspiels kann in *drei Phasen* erfolgen. Die erste Phase umfaßt ausschließlich den Bewegungsablauf. Der Schüler kann sich voll auf das obere Zuspiel konzentrieren (erster Aktionskreis). In der zweiten Ausbildungsphase muß er neben dem oberen Zuspiel eine weitere Bewegung ausführen. Die Aufmerksamkeit ist nicht mehr ausschließlich auf die Technik des Zuspiels gerichtet; ein zweiter Aktionskreis verlangt ebenfalls Aufmerksamkeit. In der dritten Phase der Ausbildung sollte das obere Zuspiel soweit automatisiert sein, daß es nach einer Bewegung mit anschließender Bewegung ausgeführt werden kann. Es kommt hier ein dritter Aktionskreis hinzu.

Programme der ersten Ausbildungsphase

1. Programm

Oberes Zuspiel ohne Ortsveränderung – Einzelübungen

Zielsetzung: Erlernen der oberen Zuspieltechnik, Arm- und Fingerhaltung

Organisationsrahmen: ganze Halle, Kreisformation

Geräte: Volleybälle, Basketbälle bzw. Fußbälle, Medizinbälle

Übungsbeschreibung

Alle Spieler sitzen in Kreisformation mit dem Blick zur Mitte. Der Übungsleiter steht in der Mitte und demonstriert die Finger- und Armhaltung. Ein Drittel der Spieler hat je einen Volleyball, ein Drittel je einen Fußball oder Basketball und ein Drittel je einen 2 kg schweren Medizinball.

1. Die Spieler spielen 3mal 10 flache Zuspiele über ihrem Kopf. Der Ball wird dabei nicht höher als 30 cm gespielt. Anschließend wechseln die Spieler die Bälle im Uhrzeigersinn. Die Spieler, die Volleybälle hatten, erhalten Medizinbälle usw.

2. Wie Übung 1, nur daß die Bälle mindestens 1 bis 3 Meter hoch gespielt werden.

3. Wie Übung 1 und 2, nur werden die Bälle abwechselnd hoch und flach gespielt.

Die Reihenfolge der Bälle ist absichtlich so gewählt, daß nach dem schweren Medizinball der relativ leichte Volleyball genommen wird. Der Spieler bekommt so den Eindruck, daß der Volleyball nicht schwer zu spielen ist.

Der Organisationsrahmen und die Belastung können anschließend für das obere Zuspiel auf dem Rücken liegend, kniend und aus dem Stand angewendet werden.

Der Übungsleiter achtet nur auf die Finger- und Armhaltung. Ihm bleibt es überlassen, auch andere Formationen zu wählen.

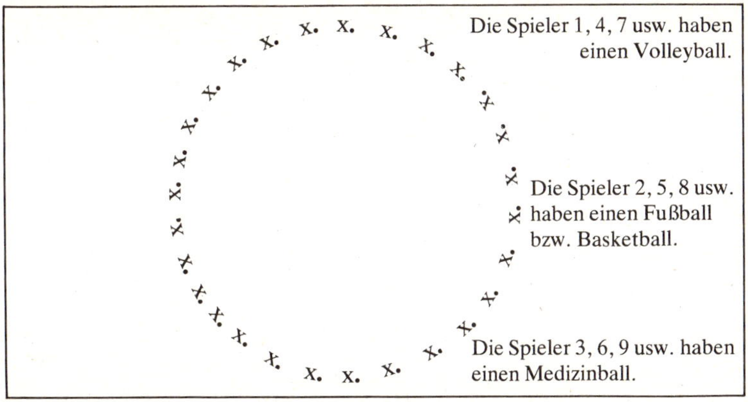

Zuspiele im Sitzen

Zuspiele im Stehen

2. Programm

Oberes Zuspiel ohne Ortsveränderung – Partnerübungen

Zielsetzung: Festigung der Finger- und Armhaltung

Organisationsrahmen: durch Bänke quergedrittelte Halle

Geräte: 2 Bänke, 10 bis 15 Volleybälle, 10 bis 15 Basketbälle oder Fußbälle, 4 bis 5 Matten

Übungsbeschreibung

Die Gruppe wird gedrittelt und in Paare aufgeteilt. Jede der 3 Gruppen arbeitet selbständig im vorgesehenen Hallenraum.

1. Gruppe:

Ein Partner sitzt auf dem Boden, der andere steht ihm in einem Abstand von 1,50 Meter gegenüber.

Aufgaben: a) Der sitzende Partner wirft sich selbst einen Volleyball an und pritscht ihn hoch zum stehenden Partner.

b) Wie a, nur wird der Ball einmal angepritscht, bevor er zum Partner gespielt wird.

c) Der stehende Partner wirft dem sitzenden den Ball zu, dieser pritscht ihn hoch zurück.

d) Wie c, nur pritscht der sitzende Partner den Ball einmal an, bevor er ihn zum stehenden Partner zurückspielt.

2. Gruppe:

Ein Partner liegt in der Bauchlage auf einer Matte, der andere Partner kniet im Abstand von 1,50 Meter gegenüber.

Aufgaben: a) Der kniende Partner wirft dem auf dem Bauch liegenden den Ball leicht zu, dieser pritscht den Ball; nach 20mal ist Wechsel.

b) Wie a, nur wirft der Partner den Ball jetzt aus dem Stand zu.

3. Gruppe:

Beide Partner stehen sich gegenüber.

Aufgabe: Wie 1, nur werden die Abstände variiert.

Die Gruppen üben parallel; nach Beendigung der Übungen ist Wechsel. Alle Übungen werden abwechselnd mit einem Volleyball und einem Fuß- bzw. Basketball ausgeführt.

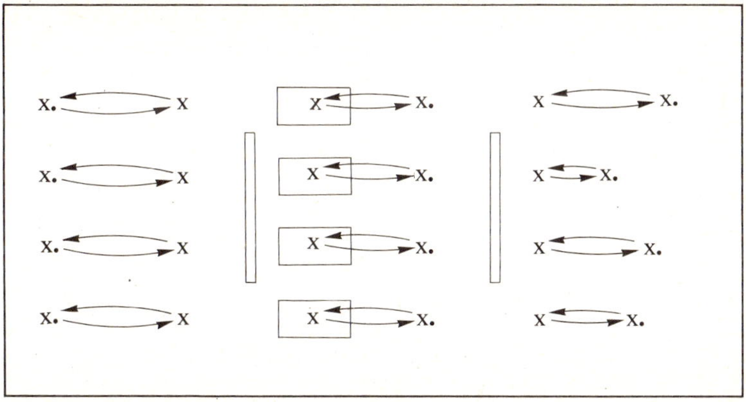

1. Gruppe, Übung c: Zuspiele aus dem Sitzen

2. Gruppe, Übung b: Zuspiele aus dem Liegen

3. Programm

Oberes Zuspiel im Gehen und Laufen – Einzel- und Partnerübungen

Zielsetzung: Festigung der Finger- und Armhaltung, Erlernen der richtigen Stellung des Körpers unter dem Ball

Organisationsrahmen: halbierte Halle (Teilung durch Bänke, Zauberschnur o. ä.)

Geräte: 2 bis 4 Bänke, 15 Volleybälle, 8 Fuß- bzw. Basketbälle, 8 Medizinbälle

Übungsbeschreibung

Die Gruppe wird halbiert und in Paare geteilt. Die beiden neu entstandenen Gruppen erhalten je eine Hallenhälfte als Übungsraum. Die eine Gruppe übt das obere Zuspiel im Gehen und Laufen in Form von Einzelhandlungen, die andere Gruppe in Form von paarweisem Handeln.

1. Gruppe:

Die Paare stehen nebeneinander, wobei die Partner zueinander einen Abstand von circa 9 Meter haben und sich ansehen. Jeweils ein Partner besitzt einen Ball.

Aufgaben: a) Ein Partner spielt sich ständig einen Medizinball im Vorwärtsgehen über dem Kopf zu, bis er den gegenüberstehenden Partner erreicht. Hier wird der Ball übergeben. Der zweite Partner führt die gleiche Übung durch, indem er sich zum Ausgangspunkt des ersten Partners bewegt. Anschließend rollt er den Ball zu seinem Partner zurück.

b) Wie Übung a, nur mit einem Volleyball durchgeführt.

c) Wie Übung b, nur wird der Ball hoch gespielt.

d) Wie Übung a, nur abwechselnd mit Medizinball und Volleyball.

e bis h) Wie Übungen a bis d, nur im Seitwärtsgehen durchgeführt.

i bis l) Übungen a bis d im Rückwärtsgehen.

m bis p) Übungen a bis d im Laufen durchgeführt.

2. Gruppe:

Die Partner stehen sich nah gegenüber, die Paare eng nebeneinander.

Aufgaben: a) Die Paare gehen im seitlichen Nachstellschritt bei ständigem kurzen Zuspiel eines Basketballs zur gegenüberliegenden Hallenseite und zurück.

b) Wie Übung a, nur wird mit einem Volleyball gespielt.

c und d) Wie Übungen a und b, nur wird der Abstand zwischen den Partnern auf einen halben Meter vergrößert.

e) Wie Übung b, nur wird der Ball von jedem Partner jeweils einmal angepritscht.

f bis j) Wie Übungen a bis e, nur stehen sich die Paare seitlich gegenüber, gehen vorwärts und spielen sich den Ball seitwärts zu.

k bis o) Wie die Übungen f bis j, nur im Rückwärtsgehen.

Von der Intensität her sollte jeder Partner jede Übung 5mal durchführen.

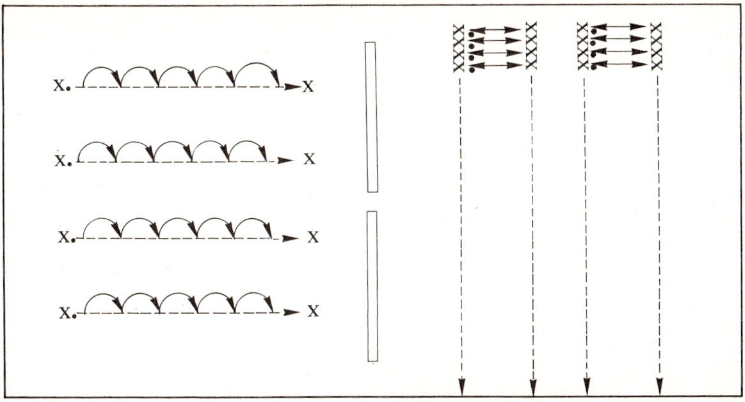

1. Gruppe: Zuspiel im Vorwärtsgehen

2. Gruppe: Zuspiel zum Partner mit seitlichen Nachstellschritten

Programme der zweiten Ausbildungsphase

1. Programm

Oberes Zuspiel nach vorangegangener Bewegung – oberes Zuspiel nach dem Laufen

Zielsetzung: Festigung der Zuspieltechnik, Erhöhung der Präzision des Zuspiels

Organisationsrahmen: querhalbierte und in zwei Viertel geteilte Halle

Geräte: 1 Volleyballnetz, 1 bis 2 Bänke, 10 bis 15 Volleybälle

Übungsbeschreibung

Die Gruppe wird halbiert und die eine Hälfte nochmals geteilt. Die größere Gruppe benutzt die eine Hallenhälfte, die beiden kleineren Gruppen erhalten die beiden kleineren Übungsräume.

1. Gruppe:

Die Spieler werden in 2 gleich große Gruppen eingeteilt (halbe Halle).

Aufgaben: a) Die beiden ersten jeder Gruppe laufen seitlich zur parallelstehenden Gruppe und müssen von dort aus den Ball, der ihnen zugeworfen wird, zum Werfer zurückspielen; anschließend bei der neuen Gruppe hinten anstellen.

b) Wie Übung a, nur muß der Ball diagonal gepritscht werden.

2. Gruppe:

Partnerübungen

Aufgabe: Die Partner stehen sich in einem Abstand von circa 9 Meter gegenüber. Partner 1 wirft die Bälle so, daß Partner 2 circa 6 Meter nach vorn laufen muß, um den Ball zu pritschen. Anschließend läuft er zur Ausgangsposition zurück.

3. Gruppe:

Die Partner stehen sich in einem Abstand von 3 Meter gegenüber. Partner 1 wirft den Ball so, daß Partner 2 circa 6 Meter rückwärts laufen muß, um den Ball zu pritschen. Anschließend läuft er zur Ausgangsposition zurück.

Nach Beendigung der geforderten Übungen wird gewechselt.

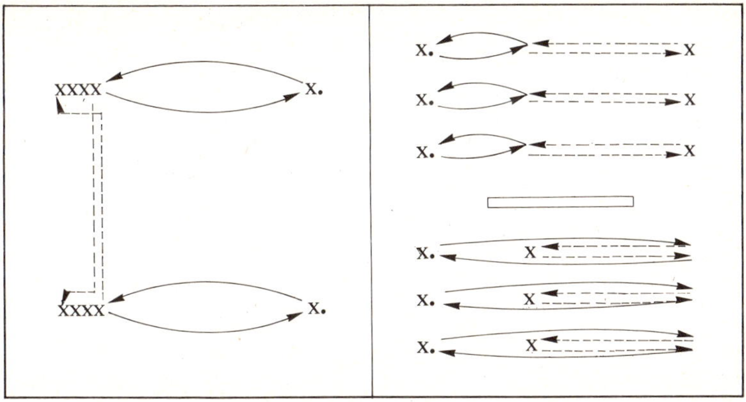

1. Gruppe: Zuspiel nach Seitwärtslaufen

2. Gruppe: Zuspiel nach Vorwärtslaufen

2. Programm

Oberes Zuspiel nach Rotation um eine Körperachse

Zielsetzung: Festigen und Vervollkommnen des oberen Zuspiels

Organisationsrahmen: Halle viergeteilt – Partner- und Gruppenübungen

Geräte: 2 Bänke zur Teilung der Halle quer, 4 Bänke zur Teilung der Halle längs, 5 Matten, Volleybälle

Übungsbeschreibung

Die Übungsgruppe wird in 4 etwa gleich große Gruppen eingeteilt. Diese verteilen sich auf die 4 Hallenräume.

1. Gruppe:

Es finden Partnerübungen mit Zuspielen nach Körperdrehungen um die Körperbreitenachse statt.

Die Partner stehen sich in einem Abstand von circa 3 Meter gegenüber. Partner 1 wirft den Ball hoch, während Partner 2 auf der Matte eine Rolle vorwärts ausführt und anschließend den Ball zum Werfer zurückpritscht. Die Übung wird 10- bis 15mal durchgeführt; anschließend wechseln die Partner ihre Positionen.

2. Gruppe:

Es finden Partnerübungen mit Zuspielen nach einer Körperdrehung um die Körperlängsachse statt.

Die Partner haben einen Abstand von circa 3 Meter zueinander. Partner 1 ist im Besitz eines Volleyballs; Partner 2 steht mit dem Rücken zu ihm. Partner 1 prellt den Ball auf den Boden. Nach dem Aufprall dreht sich Partner 2 um und spielt den Ball zurück. – Die Drehungen können so variiert werden, daß sie entweder ganz, halb oder eineinhalbfach sind. Der Spieler kann sich außerdem abwechselnd rechts- und linksherum drehen.

3. Gruppe:

Es finden Partnerübungen mit Zuspielen nach einer Drehung um die Körpertiefenachse statt. Der Abstand der Partner zueinander beträgt circa 3 Meter. Partner 1 schlägt ein Rad und spielt den zugeworfenen Ball anschließend zu Partner 2 zurück.

4. Gruppe:

Es finden Partnerübungen mit Zuspielen nach einer beliebigen Drehung um eine der Körperachsen statt.

Die Spieler stehen in einer bzw. zwei Reihen hintereinander. Der Gruppe gegenüber steht in einem Abstand von circa 4 Meter ein weiterer Spieler. Zwischen der Gruppe und dem einzelnen Spieler liegt eine Matte.

Der vordere Spieler führt eine beliebige Körperdrehung aus und pritscht anschließend den ihm zugeworfenen Ball zurück. Er übernimmt jetzt das Zuwerfen des Balls.

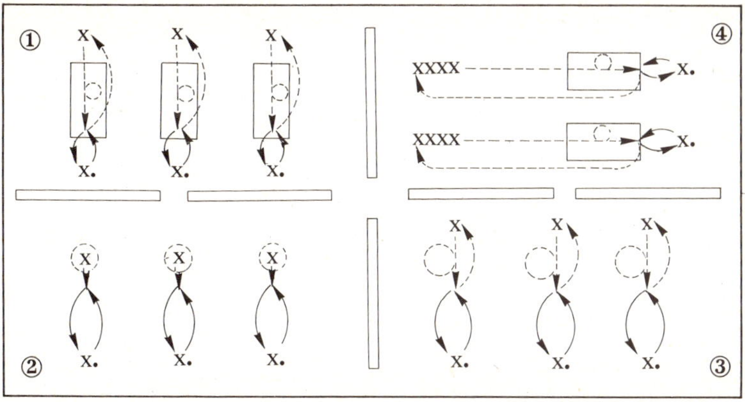

1. Gruppe: Zuspiel nach Rolle vorwärts

2. Gruppe: Zuspiel nach Drehung

3. Gruppe: Zuspiel nach Radschlagen

3. Programm

Oberes Zuspiel nach dem Überwinden von Hindernissen

Zielsetzung: Vervollkommnen des oberen Zuspiels unter Einbringung von Koordinations- und Reaktionsübungen

Organisationsrahmen: quergeviertelte Halle – der Organisationsrahmen wird durch die Geräteanordnung gegeben

Geräte: 1 Hürde, 2 Kästen, 1 Bock, evtl. Matten, 4 Volleybälle

Übungsbeschreibung

Es werden 4 gleich große Gruppen gebildet. Jede Gruppe nimmt hinter dem in dem jeweiligen Hallenraum aufgebauten Gerät Aufstellung. Ein Spieler jeder Gruppe steht auf der anderen Seite mit circa 2 Meter Abstand zum Gerät.

1. Gruppe:

a) Der erste Spieler der Gruppe überspringt die Hürde und pritscht anschließend den ihm zugeworfenen Ball zum Werfer zurück. Er übernimmt dann die Funktion des Werfers; der Werfer stellt sich hinter der Gruppe an.

b) Wie a; der Spieler läuft jedoch vor dem Zuspiel unter der Hürde hindurch.

2. Gruppe:

a) Der erste Spieler der Gruppe hockt auf einen Kasten auf und springt mit einer Drehung von 360 Grad um die Körperlängsachse nieder. Anschließend wird der Ball zum Werfer zurückgespielt.

b) Wie a, nur erfolgt die Drehung andersherum.

3. Gruppe:

a) Der Spieler hockt auf einen Kasten längs auf, grätscht ab und pritscht den Ball zum Werfer zurück.

b) Es wird eine Rolle auf dem Kasten längs durchgeführt. Der Spieler springt ab und pritscht den Ball zurück.

4. Gruppe:

a) Die Spieler führen einen Grätschsprung über einen Bock aus und pritschen anschließend den Ball zum Werfer zurück.

b) Wie Übung a, nur erfolgt an Stelle des Grätschsprungs ein Hocksprung.

Die Übungen können auch so erfolgen, daß die Werfer einen Durchgang hindurch Bälle zuwerfen und dann wechseln. Nach Beendigung der geforderten Anzahl von Durchgängen wechseln die Gruppen die Übungsräume.

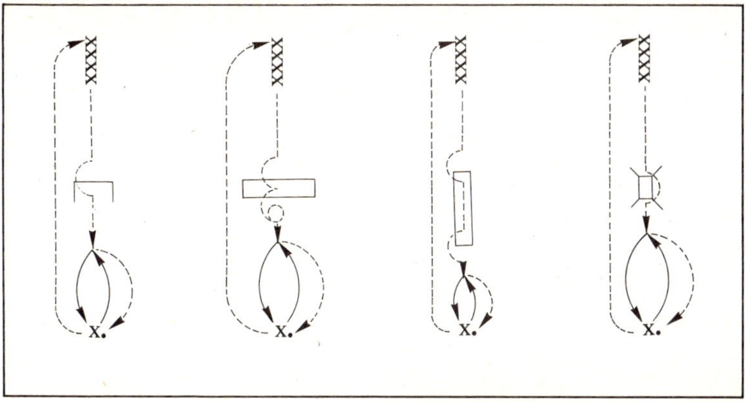

2. Gruppe: Aufhocken auf einen Kasten, Niedersprung mit ganzer Drehung und Zuspiel zum Partner

3. Gruppe, Übung a: Aufhocken auf einen Kasten, abgrätschen und Zuspiel zum Partner

4. Gruppe, Übung a: Grätsche über einen Bock, Zuspiel zum Partner

Programme der dritten Ausbildungsphase

1. Programm

Oberes Zuspiel nach dem Laufen mit anschließendem Lauf, Sprung, Rotation oder Hindernis

Zielsetzung: Vervollkommnen des oberen Zuspiels unter Anwendung von Koordinations- und Reaktionsübungen

Organisationsrahmen: längsgeviertelte Halle – Gruppenübungen; die Vierteilung ergibt sich durch die Geräteanordnung

Geräte: 3 Matten, 2 Böcke, 4 Volleybälle, 1 Kastenteil

Übungsbeschreibung

Nach der Einteilung in 4 gleich große Gruppen stellt sich jede Gruppe in je einem Viertel der Halle hinter dem jeweiligen Gerät oder der Markierung auf. Die Spieler übernehmen abwechselnd die Funktion des Ballwerfers.

1. Gruppe:

Der Werfer steht im Abstand von circa 9 Meter zum Gruppenersten und wirft den Ball hoch. Der Gruppenerste läuft vor, spielt den Ball hoch zum Werfer zurück, sprintet anschließend bis zum Ende der Halle und läuft im Trab zum Gruppenende zurück.

2. Gruppe:

Der Werfer steht circa 12 Meter vom Gruppenersten entfernt. Zwischen ihm und der Gruppe befindet sich ein Bock circa 9 Meter von der Gruppe entfernt. Der Werfer wirft den Ball hoch in den Raum zwischen Gruppe und Bock. Der Gruppenerste läuft unter den Ball, pritscht ihn zum Werfer zurück, springt anschließend über den Bock und stellt sich wieder hinter der Gruppe an.

3. Gruppe:

Wie Gruppe 2, nur ist statt des Bocks eine Matte aufgebaut, auf der die Spieler nach dem Pritschen eine Rolle vorwärts bzw. rückwärts ausführen sollen.

4. Gruppe:

Wie Gruppe 2, nur ist nach dem Pritschen und dem Überspringen des Bocks anschließend ein quergestelltes Kastenteil zu unterqueren.

Nach 5 bis 8 Durchgängen wechseln die Gruppen von Übung 4 zu 1, von 1 zu 2 usw.

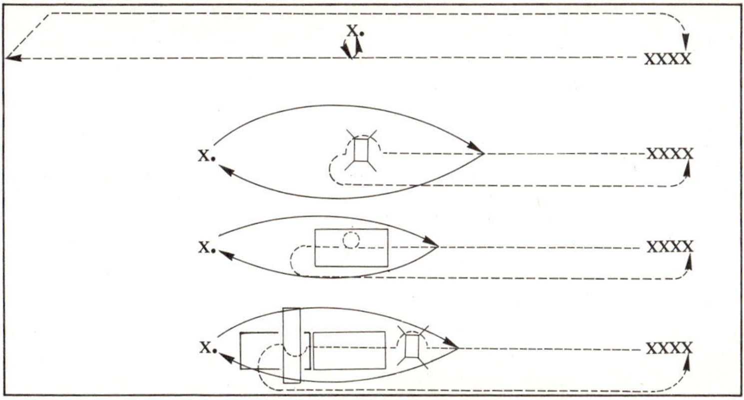

2. Gruppe: Laufen, Zuspiel zum Werfer, anschließend Sprung über einen Bock

3. Gruppe: Laufen, Zuspiel zum Werfer, anschließend Rolle auf einer Matte

4. Gruppe: Laufen, Zuspiel zum Werfer, anschließend Sprung über einen Bock und Unterqueren eines Kastenteils

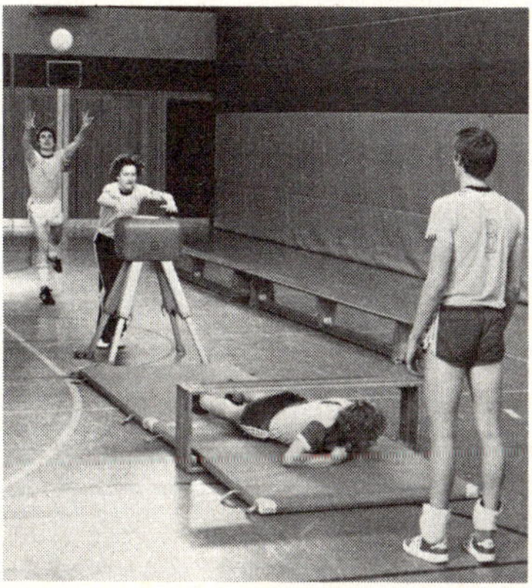

2. Programm

Oberes Zuspiel nach Rotation um eine der Körperachsen mit anschließender Aktion

Zielsetzung: Vervollkommnen des oberen Zuspiels sowie Schulung der Gewandtheit und Reaktion

Organisationsrahmen: quergedrittelte Halle mit Bänken – Gruppenübungen

Geräte: 4 Bänke, 5 Matten, 1 Hürde, 1 Bock bzw. Kasten, 3 Volleybälle

Übungsbeschreibung

Die Übungsgruppe wird in 3 gleich große Gruppen eingeteilt. Jede Gruppe stellt sich in ihrem Hallendrittel hintereinander in Reihe hinter der Markierung auf. Ein Spieler übernimmt die Funktion des Ballwerfers und wird nach einem Durchgang abgelöst.

1. Gruppe:

Die Gruppe steht hinter einer Matte. Der Gruppenerste führt eine Rolle vorwärts aus, dreht sich zum Werfer und pritscht den zugeworfenen Ball zurück. Jetzt führt er auf einer weiteren Matte eine Rolle rückwärts aus und schließt sich wieder der Gruppe an.

2. Gruppe:

Die Gruppe steht hinter einer Matte. Der Gruppenerste führt eine Rolle vorwärts aus, pritscht anschließend einen zugeworfenen Ball zum Werfer zurück, springt über eine Hürde oder einen Bock und schließt sich der Gruppe wieder an.

3. Gruppe:

Die Gruppe steht hinter einer Matte. Der Gruppenerste geht auf die Matte und führt eine Drehung um 360 Grad links bzw. rechts herum aus. Anschließend pritscht er den zugeworfenen Ball zum Werfer zurück, überspringt dann einen Bock, Kasten oder ähnliches und stellt sich hinter der Gruppe an.

Jede Gruppe absolviert 5 bis 8 Durchgänge; dann erfolgt der Wechsel.

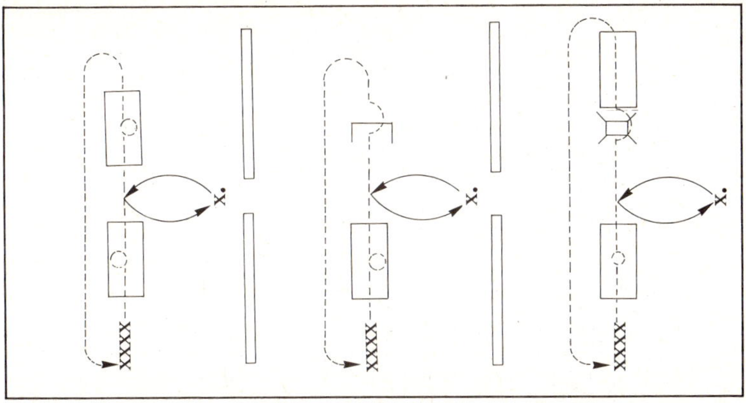

1. Gruppe: Rolle vorwärts, Drehung zum Werfer, Zuspiel, Rolle rückwärts

2. Gruppe: Rolle vorwärts, Drehung zum Werfer, Zuspiel, Sprung über Bock

3. Programm

Zuspiel nach Überqueren von Hindernissen mit einer Folgeaktion und einem weiteren Zuspiel

Zielsetzung: Automatisierung des oberen Zuspiels sowie Schulung von Gewandtheit und Reaktion

Organisationsrahmen: längsgedrittelte Halle durch umgekippte Bänke – Gruppenübungen

Geräte: 4–6 Bänke, 4 Böcke, 4 Matten, 1 Kasten, 6 Volleybälle

Übungsbeschreibung

Es werden 3 gleich große Gruppen gebildet. Jede Gruppe stellt 2 Werfer, die jeweils einen Volleyball besitzen. Die Gruppen nehmen hinter ihren Geräten Aufstellung.

1. Gruppe:

Die Gruppe steht hinter einem Bock. Der Gruppenerste springt über den Bock, pritscht einen zugeworfenen Ball zum Werfer zurück, führt auf einer Matte eine Rolle vorwärts aus und pritscht noch einmal einen Ball zum Werfer zurück. Anschließend stellt er sich hinter der Gruppe an.

2. Gruppe:

Die Gruppe steht hinter einem Bock. Der Gruppenerste springt mit einem Grätschsprung über den Bock, pritscht den zugeworfenen Ball, grätscht über einen weiteren Bock mit Drehung in der freien Flugphase und pritscht einen zugeworfenen Ball zum Werfer zurück.

3. Gruppe:

Wie Gruppe 2, nur steht an Stelle des zweiten Bocks ein Kasten längs, auf dem eine Rolle auszuführen ist.

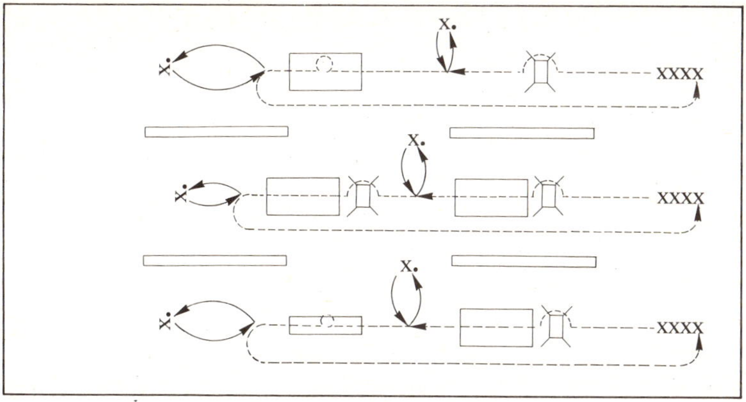

1. Gruppe: Sprung über einen Bock, Drehung zum Werfer und Zuspiel, Rolle vorwärts und Zuspiel zum zweiten Werfer

Erlernen und Vervollkommnen des unteren Zuspiels

Hinweise zur Technik und Methodik

Das untere Zuspiel, auch *Bagger* genannt, ist das Hauptelement der Feldabwehr. Der Bagger wird angewendet, wenn Bälle flach über dem Boden angenommen und abgespielt oder scharf geschlagene Bälle angenommen werden müssen. Dies ist bei der Abwehr der Aufgabe oder des gegnerischen Angriffs der Fall. Beherrschen die Spieler die Technik des oberen und des unteren Zuspiels, kann bereits ein Volleyballspiel stattfinden.
Man unterscheidet drei Arten des unteren Zuspiels, den *einarmigen Bagger*, den *beidarmigen Bagger* und den *Hechtbagger*. Am häufigsten wird der beidarmige Bagger angewendet, da er das genauere Abspiel ermöglicht. Die Technikbeschreibung erläutert deshalb den beidarmigen Bagger.

Zwei wesentliche Punkte sollten bei der Ausbildung beachtet werden:
- Die Arme sind völlig gestreckt und die Hände ineinander verschränkt. Der Ball trifft auf das erste Drittel der Unterarme. Die Füße stehen in Grätschschrittstellung.
- Der Körper befindet sich hinter dem Ball. Der Ball wird zum Mitspieler gedrückt, nicht geschlagen.

Schematische Darstellung der Methodik zum Erlernen und Vervollkommnen des unteren Zuspiels

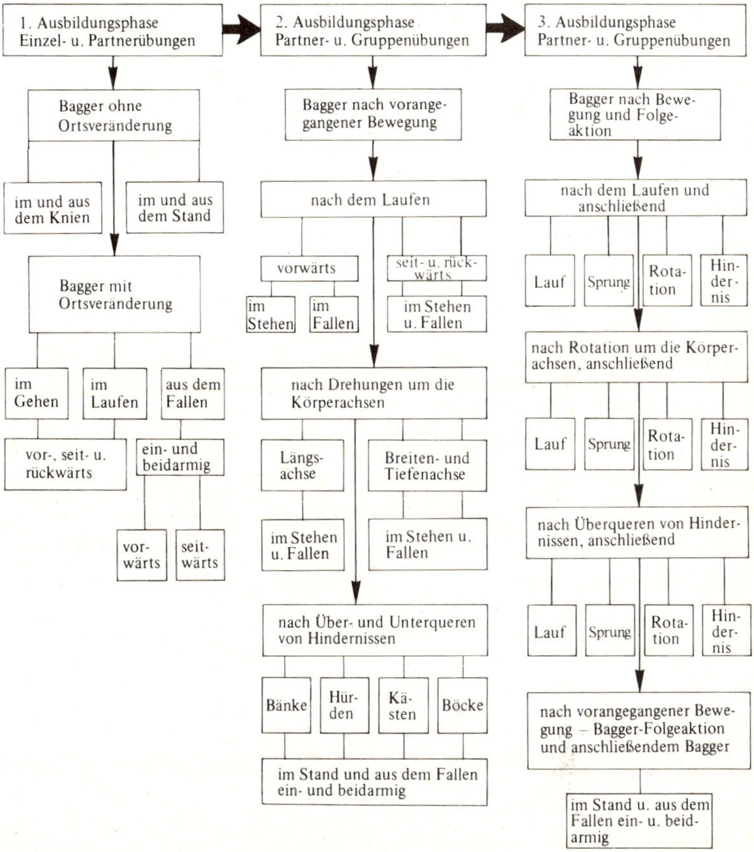

Ähnlich wie beim oberen Zuspiel sollte die Ausbildung in einzelne Abschnitte gegliedert sein. Es empfiehlt sich, eine Unterteilung in 3 Ausbildungsphasen vorzunehmen.

Die erste Phase umfaßt das Training des Baggers ohne und mit Ortsveränderung in Form von Einzel- und Gruppenübungen. In der zweiten Phase wird die Technik nach vorangegangener Bewegung geschult. In der dritten Phase werden der einarmige und der beidarmige Bagger sowie der Hechtbagger geschult, das heißt, es erfolgt eine Feldabwehr nach vorangegangener Bewegung mit anschließender Folgehandlung.

Programme der ersten Ausbildungsphase

1. Programm

Unteres beidarmiges Zuspiel ohne Ortsveränderung

Zielsetzung: Erlernen der beidarmigen Baggertechnik, insbesondere der Arm- und Schulterhaltung

Organisationsrahmen: querhalbierte Halle – Einzel- und Partnerübungen

Geräte: Volleybälle, Basketbälle

Übungsbeschreibung

1. Die Übungsgruppe kniet im Quadrat mit dem Blick zur Hallenmitte. Die Spieler haben abwechselnd je einen Volley- oder Basketball. In der Hallenmitte demonstriert der Übungsleiter die Arm- und Schulterhaltung beim Bagger.
Die Teilnehmer spielen den Ball in der Baggertechnik sehr flach und ohne Pause. Nach 10 bis 20 Spielen werden die Bälle im Uhrzeigersinn weitergegeben.
2. Wie 1, nur erfolgt die Übung im Stand.
3. Wie 2, aber höheres Spiel ausschließlich mit Volleybällen.
4. Wie 3, jedoch werden die Bälle 3 Meter hoch gespielt und prallen zwischendurch auf dem Boden auf.
5. Die Gruppe formiert sich paarweise; der Abstand zwischen den Partnern beträgt 1 Meter. Ein stehender Partner wirft einem knienden Partner einen Ball zu, der ihn dann beidarmig zurückbaggert.
6. Wie 5, nur wird der Abstand zwischen beiden Partnern variiert.

Die Partner wechseln sich nach 10 bis 20 Spielen mit dem Werfen ab.

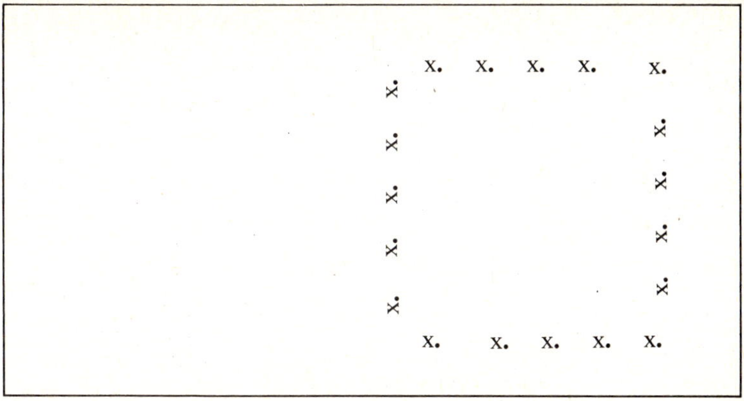

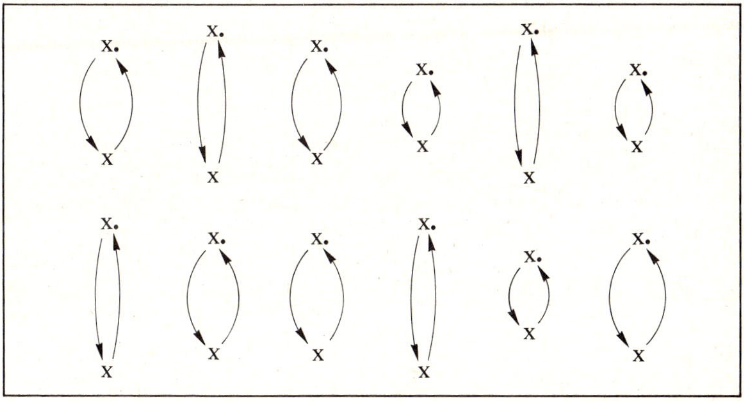

2. Programm

Beidarmiges unteres Zuspiel mit Ortsveränderung

Zielsetzung: Vervollkommnen der beidarmigen Baggertechnik, insbesondere der Armhaltung

Organisationsrahmen: querhalbierte Halle – Einzel- und Partnerübungen

Geräte: 1 Volleyballnetz zum Halbieren der Halle, Basket- oder Fußbälle, Volleybälle

Übungsbeschreibung

1. Es werden 2 Gruppen gebildet. Jede Gruppe steht mit Blickrichtung zum Netz an der Grundlinie. Gruppe 1 hat Basketbälle, Fußbälle und Volleybälle. Sie bewegt sich zum Netz hin und muß den Basketball in Baggerhaltung mit gestreckten Armen ständig flach über die Arme prellen. Am Netz werden die Bälle der anderen Gruppe zugerollt, und die Gruppe geht zur Ausgangsposition zurück. Inzwischen beginnt Gruppe 2 mit der Übung.
2. Wie 1, nur wird die Übung mit einem Volleyball ausgeführt.
3. Wie 2, nur wird höher gebaggert.
4. Es wird abwechselnd hoch und flach gebaggert.
5. Wie 4, die Spieler gehen jedoch seitwärts.
6. Die Spieler bewegen sich im Rückwärtsgehen zum Netz.
7. Die Gruppen bilden Paare. Ein Partner wirft den Ball ständig im Rückwärtsgehen zum vorwärtsgehenden Spieler. Dieser baggert den Ball zum Werfer zurück.
8. Wie 7, jedoch gehen beide Partner seitwärts.
9. Wie 7, nur geht der baggernde Spieler rückwärts.
10. Wie 7, jedoch wird der Abstand zwischen den Partnern variiert.

Die Partnerübungen können anschließend so variiert werden, daß beide Partner sich den Ball beidarmig zubaggern.

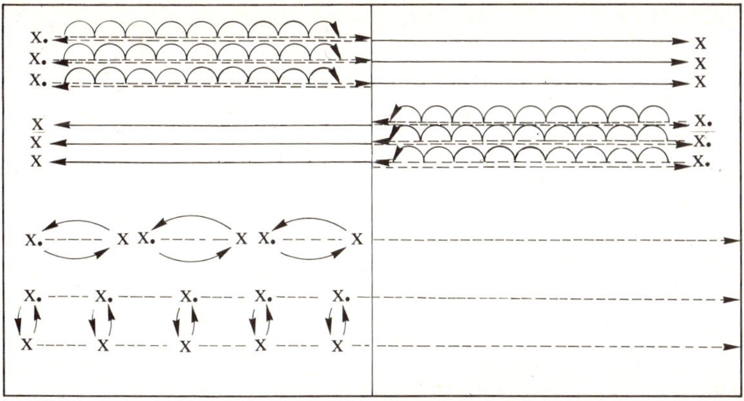

Baggern im Vor-, Seit- und Rückwärtsgehen als Einzelübung

Baggern im Vor-, Seit- und Rückwärtsgehen als Partnerübung, wobei der eine Partner die Bälle anwirft, der zweite zurückbaggert

3. Programm

Einarmiges und beidarmiges unteres Zuspiel im Fallen

Zielsetzung: Erlernen des einarmigen Baggers im Fallen, Vervollkommnen des beidarmigen Baggers sowie Überwinden der Angst vor dem Fallen und Verbesserung der Gewandtheit

Organisationsrahmen: längs- und quergeteilte Halle – Gruppenübungen

Geräte: Volleyballnetz und 4 Bänke zur Hallenteilung, 6 Matten, 4 Volleybälle

Übungsbeschreibung

Es werden 4 Gruppen gebildet. Jede Gruppe bestimmt einen Werfer, der nach 1 bis 2 Durchgängen abgelöst wird. Jede Gruppe stellt sich in Reihe hinter der in jedem Hallenviertel liegenden Matte. Der Werfer steht auf der anderen Seite der Matte, etwa 2 Meter entfernt.

1. Gruppe:

Der Gruppenerste baggert den Ball beidarmig im Vorwärtsfallen zum Werfer zurück und stellt sich anschließend hinten an.

2. Gruppe:

Wie Gruppe 1, nur im Seitwärtsfallen beidarmig abwechselnd nach links und nach rechts.

3. Gruppe:

Wie 1, nur einarmig baggern, abwechselnd linker und rechter Arm.

4. Gruppe:

Wie Gruppe 2, nur einarmig abwechselnd linker und rechter Arm.

Es empfiehlt sich, vor dem Training mit dem Ball in den Gruppen das Abrollen und das Fallen nach vorn ohne Ball zu üben.

Nach circa 8 bis 10 Durchgängen wechseln die Gruppen wie folgt:
Gruppe 4 zu Gruppe 1, Gruppe 1 zu Gruppe 2 usw.

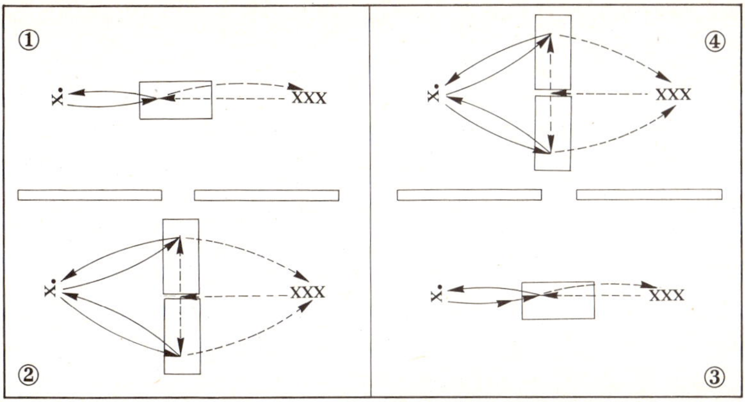

1. Gruppe: Beidarmiger Bagger im Fallen nach vorn

2. Gruppe: Beidarmiger Bagger im Fallen nach links und rechts

4. Gruppe: Einarmiger Bagger im Fallen nach links und rechts

Programme der zweiten Ausbildungsphase

1. Programm

Unteres Zuspiel nach dem Vor-, Seit- und Rückwärtslaufen

Zielsetzung: Vervollkommnen des beidarmigen Baggers nach einer Bewegung aus dem Stand und im Fallen sowie Schulung der Aufmerksamkeit, des Mutes und der Gewandtheit

Organisationsrahmen: ein Drittel längsgeteilte und zwei Drittel quergeteilte Halle – Partner- und Gruppenübungen

Geräte: 3 bis 4 Bänke, Volleybälle, eventuell beim Baggern im Fallen 8 Matten

Übungsbeschreibung

3 etwa gleich große Gruppen verteilen sich in den durch Turnbänke abgeteilten Übungsräumen.

1. Gruppe:

Die Gruppe steht im längsgeteilten Drittel hinter einer Markierung in einer Reihe hintereinander. Ein Spieler steht etwa 18 Meter vor der Gruppe und wirft den Ball circa 9 Meter vor den Gruppenersten. Dieser läuft vor und baggert den Ball beidarmig zum Werfer zurück.

2. Gruppe:

Die Gruppe wird in Paare aufgeteilt. Ein Partner wirft einen Ball, der andere läuft rückwärts vom Partner weg und muß den Ball beidarmig zurückbaggern.

3. Gruppe:

Die Gruppe wird in Vierer- oder Dreiergruppen aufgeteilt, wobei zwei Spieler aus jeder Gruppe das Ballwerfen übernehmen.

Der erste Spieler läuft seitwärts bis zur Höhe des ersten Werfers, baggert den zugeworfenen Ball zurück, dann Seitwärtslauf bis in Höhe des zweiten Werfers, Bagger usw.

Nach 10 bis 20 Zuspielen werden die Werfer ausgewechselt. Die Gruppen untereinander wechseln nach 5 bis 8 Minuten. Im zweiten Durchgang kann die Gruppe den Bagger im Fallen oder nach Belieben ausführen.

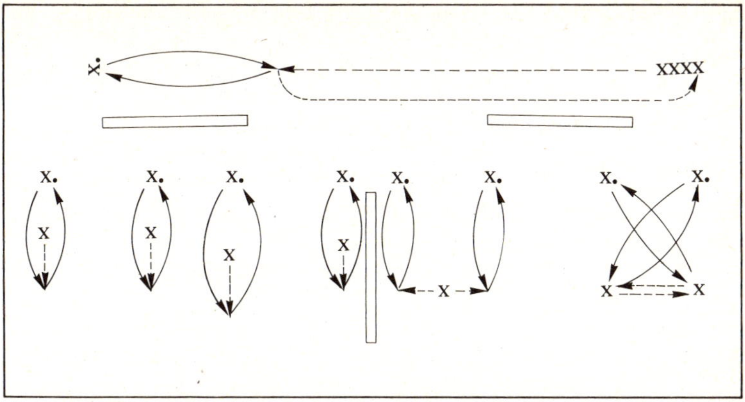
x.
xxxx
x.
x
x.
x
x.
x
x.
x
x.
x
x.
x.
x.
x
x

2. Programm

Unteres Zuspiel nach Drehung um eine der Körperachsen

Zielsetzung: Vervollkommnen des beidarmigen Baggers sowie Verbesserung der Gewandtheit und der Reaktion

Organisationsrahmen: querhalbierte und in zwei Viertel geteilte Halle, Querteilung durch Volleyballnetz, Längsteilung durch 1 bis 2 Bänke – Gruppenübungen

Geräte: 1 bis 2 Bänke, 1 Volleyballnetz, 4 Matten, Volleybälle

Übungsbeschreibung

Es werden 3 gleich große Gruppen gebildet.

1. Gruppe:

Die Gruppe führt den beidarmigen Bagger nach dem Radschlagen links und rechts aus. Der Werfer steht in einem Abstand von 6 Meter vor der in Reihe hintereinander angetretenen Gruppe. Der Ball wird dem Spieler unmittelbar nach dem Radschlagen zugeworfen, der ihn dann beidarmig zurückbaggert.

2. Gruppe:

Die Gruppe übt den beidarmigen Bagger nach der Rolle vor- und rückwärts. Eine gleich große Gruppe steht hinter je einer Matte. In der Mitte der beiden Matten steht in einem Abstand von circa 5 Meter der Werfer und wirft die Bälle abwechselnd zur rechten und zur linken Matte. Auf der linken Matte führen die Spieler vor dem beidarmigen Baggern eine Rückwärtsrolle, auf der rechten Matte eine Vorwärtsrolle aus.

3. Gruppe:

Die Aufstellung erfolgt wie in der Gruppe 2, nur führen die Spieler vor dem Baggern auf der linken Matte einen Sprung mit ganzer Drehung nach links, auf der rechten Matte einen Sprung mit ganzer Drehung nach rechts aus.

Nach 1 bis 2 Durchgängen wird der Werfer ausgewechselt, nach etwa 8 bis 10 Durchgängen wechseln die Gruppen ihre Übungsräume.

Jede Übung kann anschließend so ausgeführt werden, daß der Bagger im Fallen erfolgt.

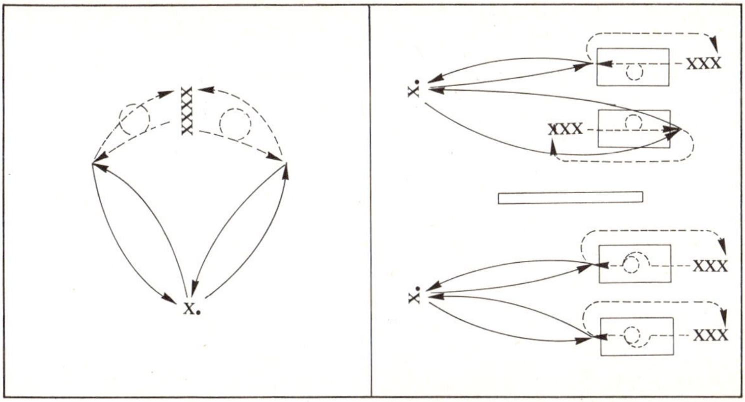

1. Gruppe: Beidarmiger Bagger nach dem Radschlagen nach links und nach rechts

2. Gruppe: Beidarmiger Bagger nach Rolle vor- und rückwärts

3. Gruppe: Beidarmiger Bagger nach Drehung im Sprung nach rechts und links

3. Programm

Ein- und beidarmiger Bagger nach Überqueren von Hindernissen

Zielsetzung: Vervollkommnen der Baggertechnik sowie Verbesserung der Gewandtheit und Reaktion

Organisationsrahmen: viergeteilte Halle quer und längs. Die Querteilung erfolgt mit Volleyballnetz, die Längsteilung durch 2 bis 4 Bänke – Gruppenübungen

Geräte: 2 bis 4 Bänke, 1 Volleyballnetz, 2 Kästen, 4 Matten, 1 Bock, 2 Hürden, 4 Volleybälle

Übungsbeschreibung

Es werden 4 Gruppen gebildet. Jede Gruppe stellt sich hinter ein Gerät im zugewiesenen Hallenraum. Je ein Werfer steht in einem Abstand von circa 8 Meter auf der anderen Seite des Geräts.

1. Gruppe:

Die Gruppe steht in Reihe hinter einem Bock. Der Gruppenerste grätscht über den Bock und baggert anschließend den ihm zugeworfenen Ball beidarmig zum Werfer zurück.

2. Gruppe:

Die Gruppe steht hinter zwei Hürden. Hürde 1 wird unterquert, Hürde 2 übersprungen. Der Spieler läuft zu einer Matte und dreht sich nach links zum Werfer. Der Ball wird einarmig entweder mit dem linken oder mit dem rechten Arm zurückgebaggert.

3. Gruppe:

Wie Gruppe 1, nur wird vor einem Auf- und Niedersprung am Kasten eine Rolle auf der Matte durchgeführt. Der Ball wird beidarmig zurückgebaggert.

4. Gruppe:

Es erfolgt ein Auf- und Niedersprung am Kasten, anschließend eine Rolle vorwärts auf der Matte. Der Spieler dreht sich dann nach rechts zum Werfer und baggert den zugeworfenen Ball zurück.

Nach 1 bis 2 Durchgängen werden die Werfer gewechselt. Die Übungsräume werden nach 8 bis 10 Durchgängen gewechselt.

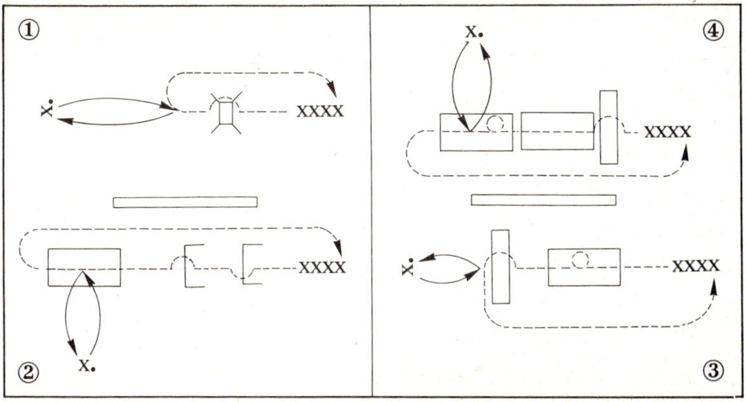

2. Gruppe: Nach Unter- und Überqueren der Hürden Drehung zum Werfer und einarmiger Bagger mit dem linken oder rechten Arm

3. Gruppe: Nach einer Rolle vorwärts und Überqueren des Kastens beidarmiger Bagger nach vorn

Programme der dritten Ausbildungsphase

1. Programm

Ein- und beidarmiger Bagger aus dem Stand und aus dem Fallen, nach vorn und seitlich, nach dem Lauf mit Folgeaktion

Zielsetzung: Vervollkommnen der ein- und beidarmigen Baggertechnik sowie der Gewandtheit und Reaktion

Organisationsrahmen: längsviergeteilte Halle, Teilung erfolgt durch 3 Bänke – Gruppenübungen

Geräte: 3 Bänke, 4 Volleybälle, 6 Matten, 1 Kasten, 1 Hürde

Übungsbeschreibung

1. Gruppe:

Die Gruppe steht hinter einer Markierung in Reihe hintereinander. Ein Werfer aus der Gruppe steht etwa 18 Meter vor dem Gruppenersten. Er wirft den Ball hoch, etwa 9 Meter vor den Gruppenersten. Dieser läuft vor, baggert den Ball beidarmig im Stand zum Werfer zurück, absolviert anschließend einen Sprung über einen Bock oder einen quergestellten Kasten und stellt sich wieder hinten an.

2. Gruppe:

Die Gruppe steht hinter der Markierung. Der Werfer steht etwa 9 Meter vor der Gruppe. Er wirft den Ball hoch über eine Matte, die circa 6 Meter vor der Gruppe liegt. Der Gruppenerste läuft vor, baggert beidarmig im Fallen nach vorn zum Werfer und überspringt anschließend einen Bock oder eine Hürde.

3. Gruppe:

Wie 2. Gruppe, nur wird einarmig im Fallen seitlich mit dem rechten Arm gebaggert; anschließend erfolgt eine Rolle vorwärts auf der Matte.

4. Gruppe:

Wie 3. Gruppe, nur wird der einarmige Bagger im Fallen seitlich mit dem linken Arm ausgeführt, und die Rolle auf der Matte erfolgt rückwärts.

Die Werfer jeder Gruppe werden nach 1 bis 2 Durchgängen ausgewechselt.

Nach 8 bis 10 Durchgängen erfolgt ein Wechsel der Gruppen.

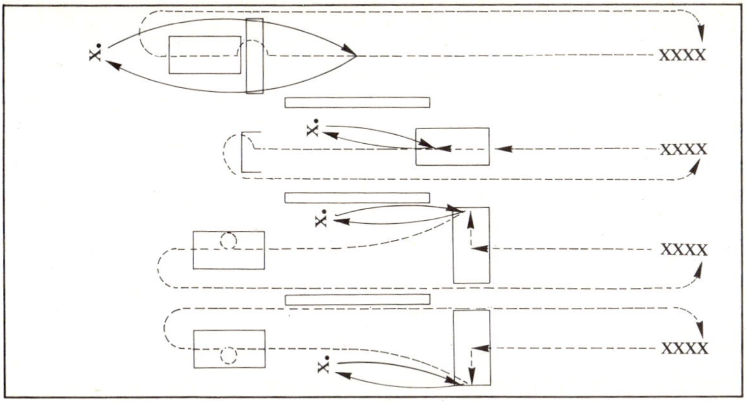

1. Gruppe: Sprint, beidarmiger Bagger im Stand, anschließend Sprung über einen Bock (rechts)

2. Gruppe: Sprint, beidarmiger Bagger im Fallen nach vorn, anschließend Sprung über einen Bock (links)

3. Gruppe: Sprint, einarmiger Bagger im Fallen rechts, anschließend Rolle vorwärts auf einer Matte (Mitte)

2. Programm

Ein- und beidarmiger Bagger im Stand und im Fallen nach Rotation um eine der Körperachsen mit Folgeaktion

Zielsetzung: Vervollkommnen des beid- und einarmigen Baggers sowie der Gewandtheit und Reaktion

Organisationsrahmen: längsgedrittelte Halle durch umgekippte Bänke – Gruppenübungen

Geräte: 4 bis 6 Bänke, 6 Matten, 1 Hürde, 1 Bock, 3 Volleybälle

Übungsbeschreibung

Es werden 3 gleich große Gruppen gebildet. Jede stellt einen Ballwerfer. Die Gruppen nehmen in Reihe hintereinander hinter ihrem Gerät Aufstellung.

1. Gruppe:

Die Gruppe steht hinter 3 längsliegenden Matten. Der Gruppenerste macht eine Rolle vorwärts, baggert anschließend den Ball einarmig im Fallen zum Werfer zurück und führt dann eine Rolle rückwärts auf einer weiteren Matte aus.

2. Gruppe:

Die Gruppe steht hinter 2 längsliegenden Matten. Der Gruppenerste macht eine Rolle rückwärts, dreht sich zum Werfer und baggert den Ball anschließend beidarmig im Fallen nach vorn zurück. Anschließend springt er über eine Hürde.

3. Gruppe:

Der Gruppenerste steht auf einer querliegenden Turnmatte. Er führt einen Sprung mit einer Drehung um 360 Grad aus, baggert anschließend beidarmig im Fallen seitwärts rechts und links zum Werfer und überspringt dann einen Bock.

Nach 2 bis 3 Durchgängen werden die Werfer ausgewechselt. Die Gruppen üben 8 bis 11 Durchgänge und wechseln dann die Übungsräume.

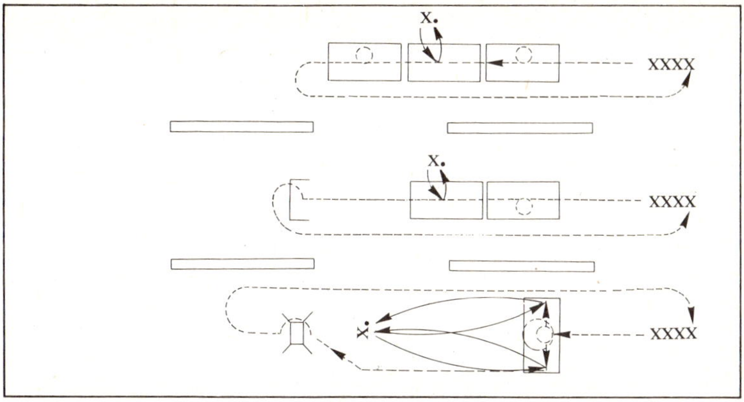

Gruppe 1: Rolle vorwärts, einarmiger Bagger im Fallen seitwärts, anschließend Rolle rückwärts

3. Programm

Nach dem Überqueren von Hindernissen Baggern mit Folgeaktion und anschließendem Baggern

Zielsetzung: Automatisierung des ein- und beidarmigen Baggers sowie weiteres Vervollkommnen der Gewandtheit und Reaktion

Organisationsrahmen: mit Bänken quergedrittelte Halle – Gruppenübungen

Geräte: 4 Bänke, 8 Matten, 2 Kästen, 3 Böcke, 6 Volleybälle

Übungsbeschreibung

Die Gruppe wird gedrittelt. Jede der 3 Gruppen stellt für sich 2 Werfer. Die Gruppen stellen sich hinter den vorgesehenen Geräten auf.

1. Gruppe:

Die Gruppe steht hinter einem Bock. Der Gruppenerste springt über den Bock und baggert im Fallen den zugeworfenen Ball einarmig rechts oder links zum Werfer. Anschließend erfolgt eine Rolle auf der zweiten Matte, und der Spieler baggert einen Ball beidarmig im Stand zum zweiten Werfer zurück.

2. Gruppe:

Die Gruppe steht hinter einem Kasten längs. Der Gruppenerste macht auf dem Kasten eine Rolle und baggert dann einarmig im Fallen rechts oder links zum Werfer. Anschließend erfolgt ein Sprung über einen Kasten quer und ein beidarmiger Bagger im Fallen nach vorn zum zweiten Werfer.

3. Gruppe:

Die Gruppe steht hinter einem Bock. Der Gruppenerste springt mit einer Grätsche über den Bock, läuft zur Matte und baggert einen zugeworfenen Ball einarmig zum Werfer zurück. Anschließend Lauf und Sprung über einen weiteren Bock; der Läufer baggert auf der Matte im Fallen einen zugeworfenen Ball beidarmig zum Werfer zurück.

Die beiden Werfer jeder Gruppe werden nach 2 bis 3 Durchgängen ausgewechselt. Nach 6 bis 9 Durchgängen wechseln die Gruppen die Übungsräume.

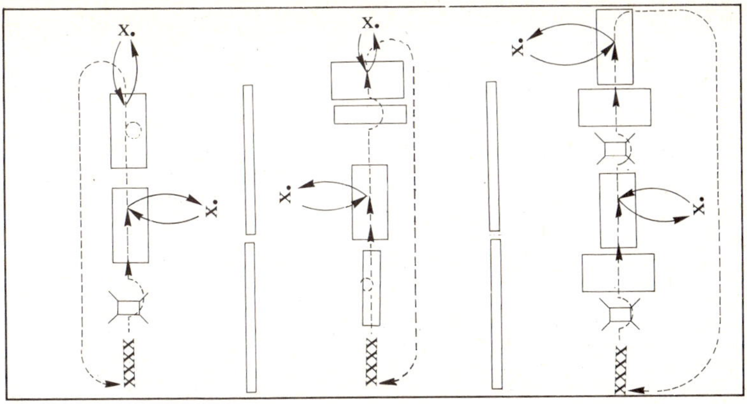

1. Gruppe: Sprung über einen Bock, einarmiger Bagger im Fallen seitlich, anschließend Rolle vorwärts und beidarmiger Bagger im Stand nach vorn

Erlernen und Vervollkommnen der Aufgabe

Hinweise zur Technik und Methodik

Mit der Aufgabe wird der Ball ins Spiel gebracht. Bei richtiger Anwendung hat die Aufgabe Angriffscharakter.
Besonders bei Anfängermannschaften ist die Aufgabe häufig spielentscheidend, da viele Punkte bereits durch sie erzielt werden. Man kann sie in zwei Gruppen unterteilen:
1. Aufgabe mit Effet,
2. Aufgabe ohne Effet.
Aufgaben ohne Effet werden in der Regel von Spitzenspielern geschlagen; sie sind auch unter der Bezeichnung *Flatteraufgaben* bekannt.
Die häufigste Aufgabeart ist die *frontale Aufgabe*, die sowohl von unten als auch von oben geschlagen wird. Sie ist der Gruppe mit Effet zuzuordnen, relativ leicht zu erlernen und hat zudem den Vorteil einer hohen Effektivität. Wir wollen uns daher im weiteren mit dieser Aufgabeart beschäftigen.

Frontale Aufgabe von unten

Frontale Aufgabe von oben

Schematische Darstellung der Methodik zum Erlernen und Vervollkommnen der frontalen Aufgabe von unten und oben

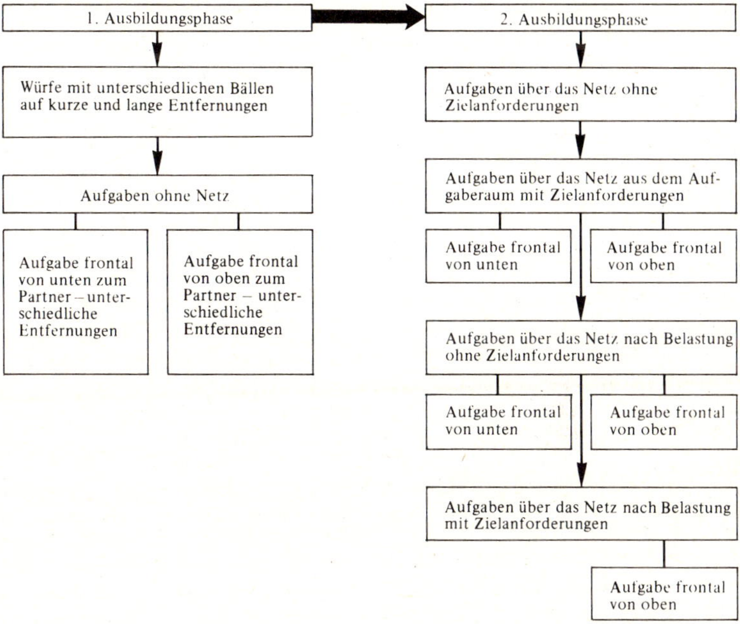

Bei der *frontalen Aufgabe von unten* ist besonders zu beachten:

- Vorbeugen des Oberkörpers.
- Der Arm ist lang; beim Schlag mit der flachen Hand muß der Ballanwurf flach sein.

Bei der *frontalen Aufgabe von oben*, auch Tennisaufgabe genannt, ist besonders zu beachten:

- Sie wird aus einer Grätschschrittstellung ausgeführt.
- Der Schlagarm wird locker und weit zurückgeführt und ist gebeugt.
- Die Schlagbewegung beginnt mit dem Fallen des Balls.
- Der Ball muß mit angespannter flachen Hand und gestrecktem Arm in größtmöglicher Höhe getroffen werden.

Beim Erlernen der Aufgabe sollten zwei Ausbildungsphasen durchlaufen werden:

1. Das Erlernen des Bewegungsablaufs durch Werfen und Aufschlagen ohne Netz auf bestimmte Ziele.
2. Das Vervollkommnen der Technik und Zielgenauigkeit durch Aufgaben über das Netz.

Programme der ersten Ausbildungsphase

1. Programm

Würfe mit verschiedenen Bällen bei unterschiedlichen Entfernungen nach einem Ziel

Zielsetzung: Erlernen des Bewegungsablaufs der frontalen Aufgabe von unten und oben

Organisationsrahmen: ein Drittel- und zwei Dritteltteilung der Halle durch umgelegte Bänke – Einzel- und Partnerübungen in zwei Gruppen

Geräte: 2 bis 3 Bänke, 4 bis 8 Matten, Basket-, Fuß-, Medizin- und Volleybälle

Übungsbeschreibung

Es werden 2 gleich große Gruppen gebildet. Eine Gruppe stellt sich vor den umgelegten Bänken in Linie mit dem Blick zur Wand auf. Die zweite Gruppe bildet Paare, die sich in unterschiedlichen Abständen gegenüberstehen. Dabei steht jeweils ein Partner auf einer Matte.

1. Gruppe:

Im Bewegungsablauf der Aufgabe von unten werden Medizin-, Basket- und Volleybälle an die Wand geworfen.

Mit jedem Ball werden 10 bis 20 Würfe ausgeführt. Anschließend werden die Übungen so ausgeführt, daß die Bälle unterschiedlich hoch geworfen oder an der Wand angebrachte Ziele getroffen werden, dabei kann die Entfernung zur Wand unterschiedlich sein.

2. Gruppe:

Je ein Partner jedes Paares steht in Reihe hinter einer Markierung. Die anderen Partner stehen in unterschiedlichem Abstand auf Matten gegenüber.

a) Medizin- oder Basketbälle werden abwechselnd in der Aufschlagtechnik von unten und oben auf die Matte zurückgeworfen. Die Partner auf den Matten rollen die Bälle zurück. Nach 10 bis 20 Durchgängen wechseln die Paare zur nächsten Matte.

b) Die Übung wird mit Volleybällen ausgeführt. Es erfolgen zwei weitere Durchgänge der gleichen Übung, einmal mit dem Medizinball und einmal mit dem Volleyball. Anschließend wechseln die Partner untereinander.

Nach Beendigung der Durchgänge wechseln die Gruppen ihre Übungsräume.

Der Übungsleiter achtet besonders auf die richtige Fußstellung und Armhaltung beim Wurf.

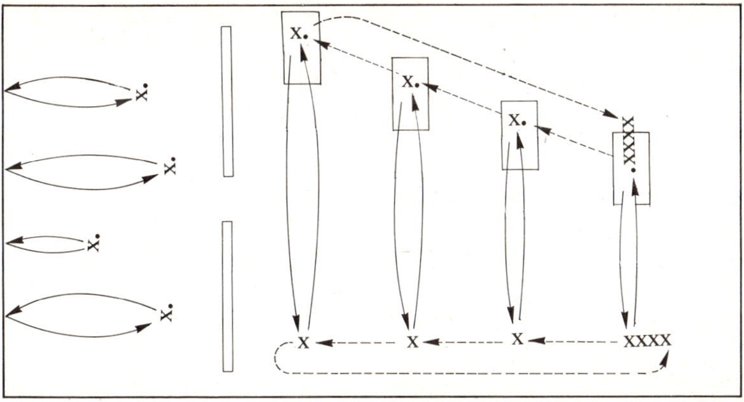

Gruppe 1: Werfen von Medizinbällen mit Aufgabetechnik von unten gegen eine Wand

Gruppe 2, Übung a: Werfen von Basketbällen mit Aufgabetechnik von unten zum Partner

Gruppe 2, Übung b: Werfen von Volleybällen mit Aufgabetechnik von oben zum Partner

2. Programm

Aufgabe ohne Netz nach einem Ziel

Zielsetzung: Erlernen der Aufgabetechnik von oben und unten sowie Erhöhung der Präzision

Organisationsrahmen: quergedrittelte Halle durch umgelegte Bänke – Einzel- und Gruppenübungen

Geräte: 4 Bänke, Kreide für Markierungen, 2 Kästen, Volleybälle

Übungsbeschreibung

Es werden 3 Gruppen gebildet.

1. Gruppe:

Sie übt Aufschläge an der Wand, wobei die Bälle unterschiedlich hoch von oben und unten geschlagen werden sollen. Die Abstände zur Wand werden variiert.

2. Gruppe:

Die Hälfte der Gruppe steht auf einem Kasten längs, die andere Hälfte in Reihe hinter einer Markierung in mindestens 8 Meter Entfernung. Der Gruppenerste schlägt zum Spieler auf dem Kasten eine Aufgabe von unten. Der Spieler auf dem Kasten fängt den Ball, bringt ihn zurück und stellt sich hinten an. Schlägt der Aufgabespieler am Kasten vorbei, so muß er den Ball selbst holen. Andernfalls stellt er sich auf dem Kasten hinten an.

3. Gruppe:

Wie 2. Gruppe, nur steht der Kasten quer, und der Aufschlag erfolgt von oben. Der Abstand zwischen Kasten und Markierung wird variiert.

Nach 3 bis 5 Durchgängen wechseln die Gruppen untereinander. Die Übungsformen der Gruppen 2 und 3 können mit jeweils 2 Kästen und 2 Gruppen auch als Staffelspiel durchgeführt werden.

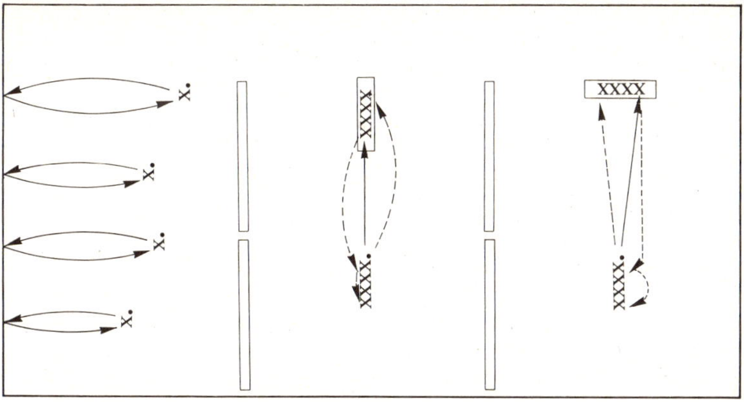

1. Gruppe: Schlagen von Volleybällen mit Aufgabetechnik von unten gegen eine Wand

Programme der zweiten Ausbildungsphase

1. Programm
Aufgaben über das Netz
Zielsetzung: Schulung der fehlerfreien Aufgabe unter Belastung
Organisationsrahmen: durch Volleyballnetz quer halbierte Halle
Geräte: 1 Volleyballnetz, Volleybälle, 1 Stoppuhr
Übungsbeschreibung
Es werden 2 Gruppen gebildet. Jede Gruppe steht an der Grundlinie ihrer Feldseite.
1. Gruppe:
Sie schlägt 15 Minuten lang Aufgaben auf Tempo und Sicherheit von oben. Die fehlerfreien Aufgaben werden jeweils nach 5 Minuten gezählt.
2. Gruppe:
Wie 1. Gruppe, nur erfolgen die Aufschläge von unten. Nach jeweils 5 Minuten wechseln die Gruppen die Aufschlagart, und es beginnt ein neuer Wettbewerb.
Der Übungsleiter achtet darauf, daß die Handlungen fehlerfrei erfolgen.
Eine andere Möglichkeit, die Technik zu vervollkommnen, ist, die Aufgabe nach einer Belastung ausführen zu lassen. Die Aufgabe kann zum Beispiel nach Sprüngen, Liegestützen, Klappmesser, Kniebeugen und anderem erfolgen.
Eine weitere Möglichkeit ist, eine bestimmte Anzahl fehlerloser Handlungen in einer vorgeschriebenen Anzahl von Aufgaben zu erreichen. Unterläuft einem Spieler ein Fehler, so muß er von vorn beginnen. Sieger ist, wer zuerst seine Anzahl erreicht hat.

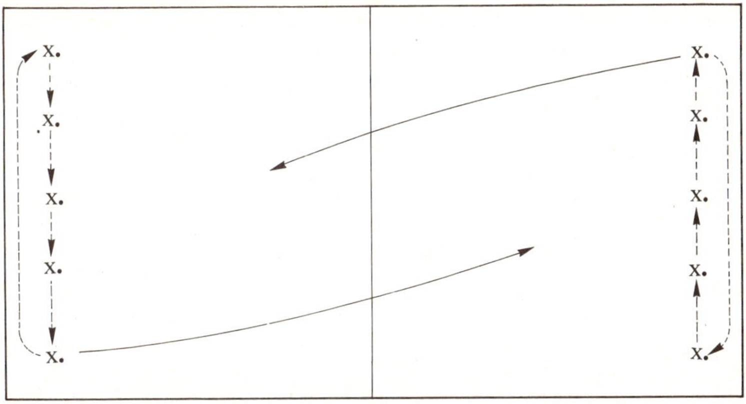

Aufschläge nach Belastung: 10 Hockstrecksprünge

2. Programm

Aufgaben aus dem Aufgaberaum auf Ziele

Zielsetzung: Vervollkommnen der Aufgabe und Verbesserung der Präzision

Organisationsrahmen: Volleyballfeld mit Netz und Aufgaberaum – Staffelspiele in zwei Gruppen

Geräte: 2 Kästen, 1 Volleyballnetz, 2 Volleybälle

Übungsbeschreibung

Es werden 2 gleich große Gruppen gebildet. Auf jeder Seite steht ein Spieler jeder Gruppe im Aufgaberaum. Die anderen Spieler stehen auf je einem Kasten, der auf der anderen Feldseite längs oder quer an der Seitenlinie steht. In Form eines Staffelspiels wird die Zielgenauigkeit der Aufgabe frontal von unten und oben geübt.

1. Der Spieler schlägt den Ball aus dem Aufgaberaum frontal von unten zu einem seiner Mitspieler auf dem Kasten, läuft dann zum Kasten und stellt sich an. Der Fänger muß nun seinerseits zum Aufgaberaum laufen und ebenfalls schlagen. Er bleibt jedoch im Aufgaberaum stehen.

Die Mannschaft, die zuerst alle Spieler in Reihe im Aufgaberaum hat, ist Sieger.

2. Wie 1, nur wird die Aufgabe frontal von oben geschlagen.
3. Wie 1, nur steht der Kasten diagonal gegenüber.
4. Wie 3, nur erfolgt die Aufgabe von oben.

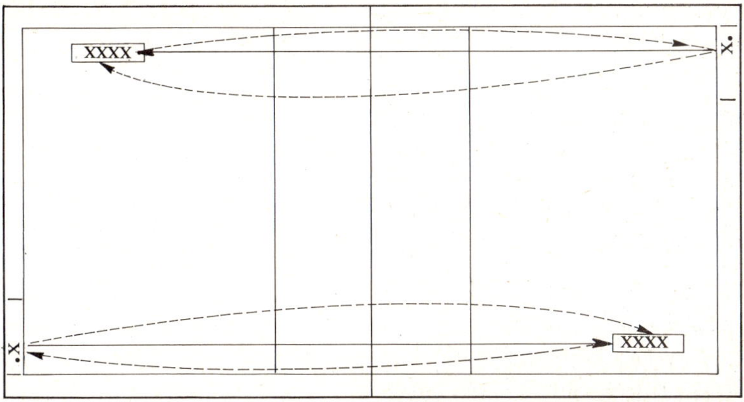

Staffelspiel mit frontaler Aufgabe von oben

Staffelspiel mit diagonaler Aufgabe von unten

Erlernen und Vervollkommnen des Angriffsschlags

Hinweise zur Technik und Methodik

Durch den Angriffsschlag wird das Volleyballspiel zum Kampfspiel, da er das Hauptelement bildet, um Punkte zu erzielen.
Angriffsschläge, auch *Schmetterschläge* genannt, gibt es in einigen Variationen. Der *frontale Schmetterschlag* ist die häufigste Art des Angriffsschlags. Er wird bei einem Diagonal- oder Linienangriff als *Drehschlag* angewendet. Eine Besonderheit ist der *Handgelenkschlag*. Darüber hinaus gibt es den *seitlichen Schmetterschlag* und die *Schlagfinten*.
Da der frontale Angriffsschlag am häufigsten angewendet wird und die Grundform der anderen Angriffsarten bildet, beschränken wir uns im weiteren auf diese Form.
Beim Erlernen des Angriffsschlags muß besonders auf den Absprung und auf die Schlagbewegung geachtet werden:

- Der Absprung ist beidbeinig auszuführen. Vor dem Absprung wird ein Stemmschritt gemacht; bei Rechtshändern erfolgt dieser mit dem linken Bein. Der erste Fuß setzt mit der Ferse zuerst auf, der zweite Fuß wird flach und schnell nachgezogen.
- Der Schlag wird mit Hilfe der Streckung im Ellbogengelenk, mit langem Arm und offener flacher Hand ausgeführt. Die Hand trifft den Ball schräg von oben.

Schematische Darstellung der Methodik zum Erlernen und Vervollkommnen des Angriffsschlags

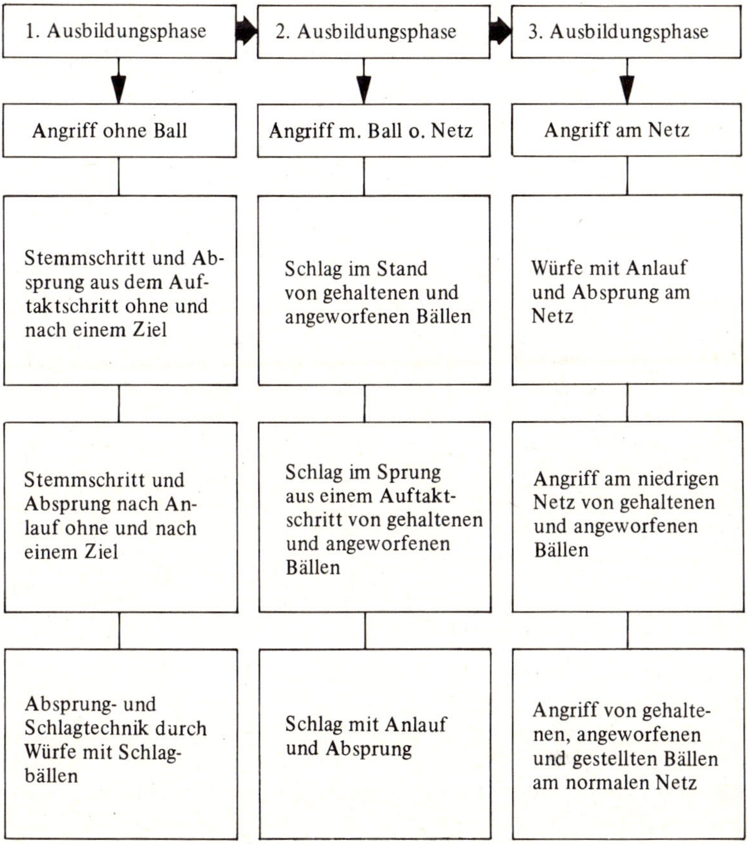

Die Schulung des Angriffsschlags kann in drei Phasen erfolgen.
Die erste Phase dient hauptsächlich dazu, den Bewegungsablauf des Absprungs und des Schlags ohne Volleyball zu erlernen.
In der zweiten Phase soll die Bewegung mit Volleyball vervollkommnet werden.
Die dritte Phase befaßt sich mit dem Angriffsschlag am Netz.

Programme der ersten Ausbildungsphase

1. Programm

Absprung nach Auftaktschritt

Zielsetzung: Erlernen des Stemmschritts und des beidbeinigen Absprungs

Organisationsrahmen: durch Bänke quer viergeteilte Halle – Gruppenübungen

Geräte: 6 Bänke, 4 kleine Kästen, 2 Gymnastikstäbe, 1 Schlagball, Kreide

Übungsbeschreibung

Es werden 4 gleich große Gruppen gebildet und im jeweils vorgesehenen Hallenraum verteilt.

1. Gruppe:

Die Gruppe steht hinter 2 mit Kreide markierten Parallelen, die einen Abstand von 60 Zentimeter zueinander haben. Der Gruppenerste führt nach einem Auftaktschritt einen Stemmschritt zwischen den Geraden aus und springt hier ab (Fuß setzt zuerst mit der Ferse, dann mit der Spitze auf). Ziel ist, auf der Absprungstelle wieder zu landen.

2. Gruppe:

Ein Spieler steht auf einem kleinen Kasten und hält einen Gymnastikstab so hoch, daß er nur im Sprung zu erreichen ist. Senkrecht unter diesem Stab sind 2 Parallelen mit einem Abstand von 60 Zentimeter markiert. Der Gruppenerste steht vor der Fläche, macht einen Auftaktschritt, einen Stemmschritt und springt zum Stab. Er berührt ihn mit einer Hand und landet wieder zwischen den Parallelen.

3. Gruppe:

Der Gruppenerste springt auf einen kleinen Kasten und springt von dort ab, so daß er zuerst mit der Ferse aufsetzt. In gleicher Weise springt er nun zum hochgehaltenen Stab und landet in der vorgezeichneten Fläche.

4. Gruppe:

Wie 2. Gruppe, jedoch hält der Spieler auf dem Kasten einen Schlagball in der Hand. Der Gruppenerste springt und nimmt den Ball herunter. Er übergibt ihn dem nächsten, der ihn dem Spieler im Sprung wieder in die Hand zurücklegt usw.

Die Gruppen wechseln nach 8 bis 10 Durchgängen die Übungsräume.
Es ist wichtig, auf die richtige Ausführung des Stemmschritts zu achten.

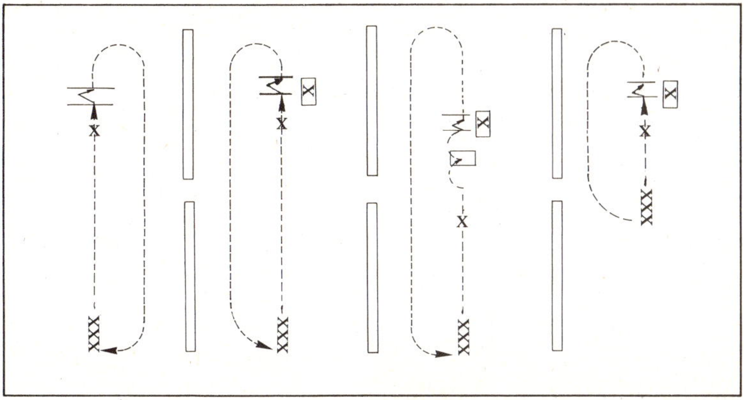

2. *Gruppe:* Absprung, Berühren des gehaltenen Stabes, Landung in der markierten Fläche

3. *Gruppe:* Niedersprung in die markierte Fläche, Sprung zum Stab und Landung innerhalb der Fläche

4. *Gruppe:* Absprung von der markierten Fläche, Schlagball herausnehmen und Landung innerhalb der Fläche

2. Programm

Absprung nach Anlauf

Zielsetzung: Anlaufgeschwindigkeit mit Hilfe des Stemmschritts in Sprunghöhe umsetzen

Organisationsrahmen: durch Bänke dreigeteilte Halle quer – Gruppenübungen

Geräte: 4 Bänke, 2 kleine Kästen, ein großer Kasten, 1 Matte, 1 Gymnastikstab, 1 Ball, Kreide

Übungsbeschreibung

Es werden 3 Gruppen gebildet, wobei jede ihren vorgesehenen Hallenraum einnimmt.

1. Gruppe:

Die Gruppe steht in Reihe hinter einer Markierung. Es erfolgt ein Anlauf im Dreierrhythmus zum Basketballbrett (im Wechsel: linkes Bein, rechts, links, Sprung und rechtes Bein, links, rechts, Sprung). In einem markierten Rechteck unter dem Basketballbrett erfolgt die Landung.

2. Gruppe:

Es wird ein Anlauf im Dreierrhythmus mit anschließendem Sprung zum sehr hoch gehaltenen Gymnastikstab ausgeführt. Der Stab wird von einem Spieler auf einem neben dem Springer stehenden Kasten gehalten. Die Landung erfolgt im vorgezeichneten Rechteck.

3. Gruppe:

Ein Spieler steht neben einem quergestellten Kasten auf einem kleinen Kasten und hält einen Ball in Sprunghöhe. Der Gruppenerste muß im Dreierrhythmus anlaufen, einen Stemmschritt ausführen, abspringen und den Ball aus den Händen des anderen Spielers nehmen. Dabei darf eine hochkant vor dem großen Kasten stehende Matte nicht berührt werden.

Die Spieler auf den Kästen werden nach 2 Durchgängen abgelöst. Nach 8 bis 10 Durchgängen wechseln die Gruppen ihre Übungsräume.

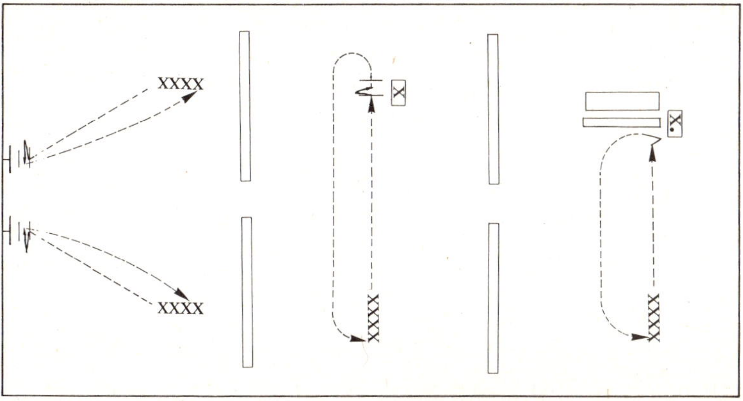

2. Gruppe: Anlauf und Absprung zum hochgehaltenen Stab, Landung im Rechteck

3. Gruppe: Anlauf, Absprung vor der Matte zum hochgehaltenen Ball; Ball mit einer Hand nehmen und ohne Berühren der Matte landen

3. Programm

Absprung- und Schlagübungen durch Würfe mit Schlagbällen

Zielsetzung: Festigung des Bewegungsablaufs beim Absprung und Schlag sowie Vervollkommnen des Anlaufrhythmus

Organisationsrahmen: Die Halle ist mit Hilfe der Zauberschnur längsgeteilt und mit Hilfe von Bänken zweimal quergeteilt – Gruppenübungen

Geräte: 1 Zauberschnur, 4 Bänke, 3 Matten, 1 Bock, 1 großer Kasten, Schlagbälle, 1 Medizinball, 2 Hochsprungständer für die Zauberschnur

Übungsbeschreibung

Es werden 3 Gruppen gebildet.

1. Gruppe:

Sie steht vor einem 1,60 Meter hohen Bock, auf dem ein Medizinball liegt. Der Gruppenerste wirft einen Schlagball über den Medizinball zu einem Punkt, der sich vor einer hochkant gestellten Matte etwa 1,50 Meter vom Bock entfernt, auf dem Fußboden befindet. Der Arm muß nach Abwurf des Balls lang sein.

2. Gruppe:

Nach einem geraden Anlauf im Dreierrhythmus und Absprung mit Stemmschritt wird der Schlagball über die Zauberschnur auf eine Matte geworfen.

3. Gruppe:

Es wird diagonal zur Zauberschnur angelaufen (Dreierrhythmus – Absprung – Zielen). Der Schlagball wird auf eine Matte geworfen, die sich links befindet.

Es ist darauf zu achten, daß der Wurf mit langem Arm erfolgt. Beim Absprung werden beide Arme hochgenommen. Nach 10 bis 15 Durchgängen wechseln die Gruppen.

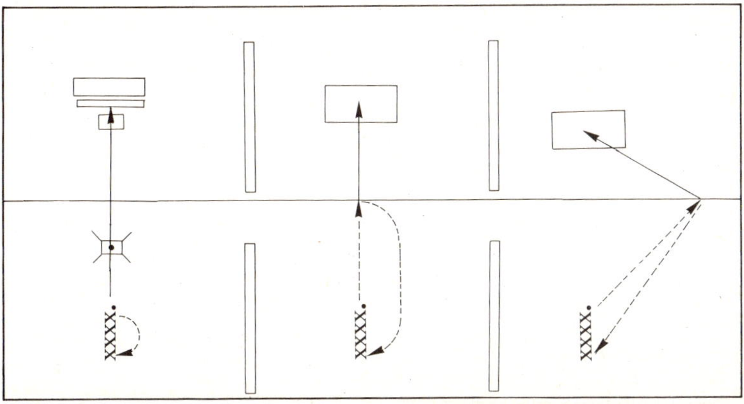

1. Gruppe: Wurf aus dem Stand über einen Medizinball auf den Boden

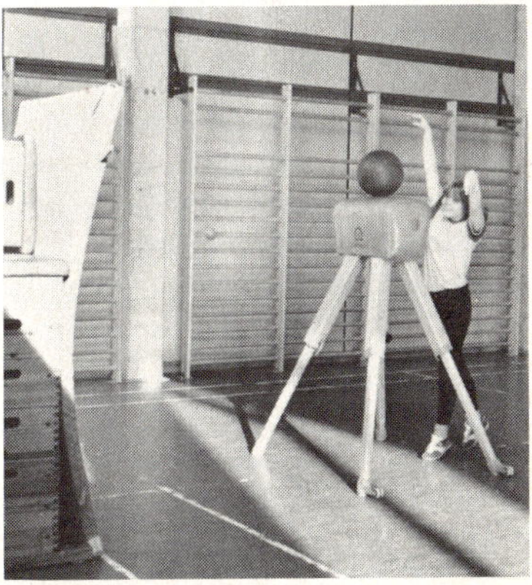

2. Gruppe: Wurf aus dem Sprung über die Zauberschnur auf eine Matte

3. Gruppe: Wurf aus dem Sprung mit Drehung über die Zauberschnur auf eine Matte

Programme der zweiten Ausbildungsphase

1. Programm

Schlagen im Stand

Zielsetzung: Schulung des Bewegungsablaufs beim Schlag, insbesondere des Schlagarms und der Schlaghand

Organisationsrahmen: längsgeteilte Halle durch Bänke – Einzel- und Partnerübungen

Geräte: 4 Bänke, 10 bis 15 Schlagbälle, 10 bis 15 Volleybälle

Übungsbeschreibung

Die Gruppe wird halbiert. Der eine Teil führt Einzelübungen, der andere Teil Partnerübungen durch.

1. Gruppe:

Einzelübungen

a) Die Spieler stehen im Abstand von circa 3 Meter nebeneinander mit Blickrichtung zur Wand. Jeder Spieler hat einen Volleyball und einen Schlagball. Aus einer Grätschschrittstellung heraus wird der Schlagball in der Schlagtechnik 10mal auf den Fußboden vor der Wand geprellt, anschließend der Volleyball 10mal im Schmetterschlag.

b) Der Volleyball wird angeworfen. Beide Hände schlagen auf die Oberschenkel, werden hochgerissen, der Schlagarm wird zurückgeführt und der Ball wie bei Übung a geschlagen.

c) Der Ball wird ständig so auf den Boden geprellt, daß er von der Wand zum Schlagenden zurückspringt.

2. Gruppe:

Partnerübungen

a) Die Partner stehen sich im Abstand von circa 6 Meter gegenüber; dann wie 1. Gruppe, Übung a, so daß der Ball zwischen den Partnern geprellt wird. Der Partner fängt jeweils den Ball.

b) Wie 1. Gruppe, Übung a, nur werden die Bälle ununterbrochen von den Partnern geschlagen, so daß der Ball in der Mitte zwischen den Partnern aufprellt.

Der Übungsleiter achtet besonders auf den langen Arm im Moment des Schlags und auf eine feste, flache Hand.

Nach Ablauf der Übungen wechseln die Gruppen.

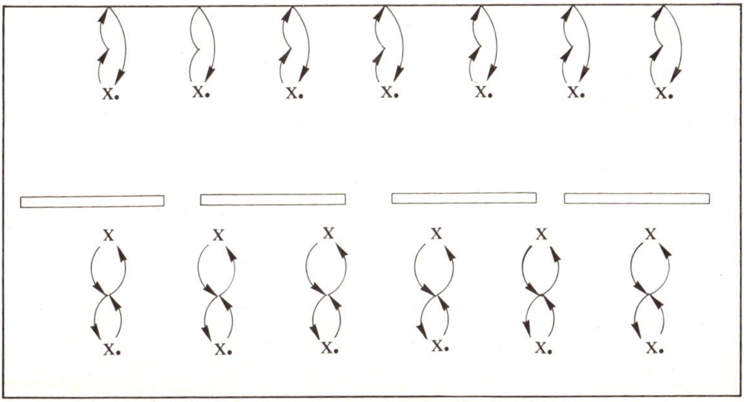

1. Gruppe: Schlagbälle und Volleybälle gegen eine Wand schlagen

2. Programm

Schlagen aus einem Auftaktschritt

Zielsetzung: Schulung des Stemmschritts in Verbindung mit einem Angriffsschlag

Organisationsrahmen: quergeviertelte Halle durch 4 Bänke und 1 Volleyballnetz – Gruppenübungen

Geräte: 4 Bänke, 1 Volleyballnetz, 1 großer Kasten, Volleybälle, Kreide

Übungsbeschreibung

Es werden 4 Gruppen gebildet. Jede Gruppe hat ein Viertel der Halle als Übungsraum.

1. Gruppe:

Sie steht in Reihe hinter einem markierten Rechteck (circa 40 mal 50 Zentimeter), das sich im Abstand von 3 Meter zur Wand befindet. Der erste Spieler geht in das Rechteck, wirft sich selbst den Ball an, macht einen Auftaktschritt und führt einen Angriffsschlag aus. Der Ball soll vor der Wand auf dem Boden aufkommen.

2. Gruppe:

Die Spieler stehen hinter einer Markierung (Kreidestrich) in Reihe hintereinander. Ein Spieler steht auf einem Kasten und hält einen Volleyball. Die Spieler springen nach einem Auftaktschritt zum Ball und schlagen ihn in Richtung Fußboden. Der Ball wird zum Spieler auf dem Kasten zurückgeworfen.

3. Gruppe:

Zwei etwa gleich große Gruppen stehen sich im Abstand von circa 6 Meter gegenüber. Der vorderste Spieler einer Gruppe wirft sich den Ball an, macht einen Auftaktschritt, springt hoch und schlägt den Ball zwischen sich und der anderen Gruppe auf den Fußboden. Der erste der anderen Gruppe fängt den Ball und führt die gleiche Übung aus. Nach dem Schlag stellen sich die Spieler jeweils am Ende ihrer Gruppe an.

4. Gruppe:

Die Gruppe steht in Reihe etwa 3 Meter vor der Wand. Ein Spieler wirft von rechts einen Ball hoch. Die Spieler müssen abwechselnd nach einem Auftaktschritt und Sprung den Ball auf den Fußboden zwischen sich und der Wand schlagen.

Nach 8 bis 10 Durchgängen wechseln die Gruppen die Übungsräume.

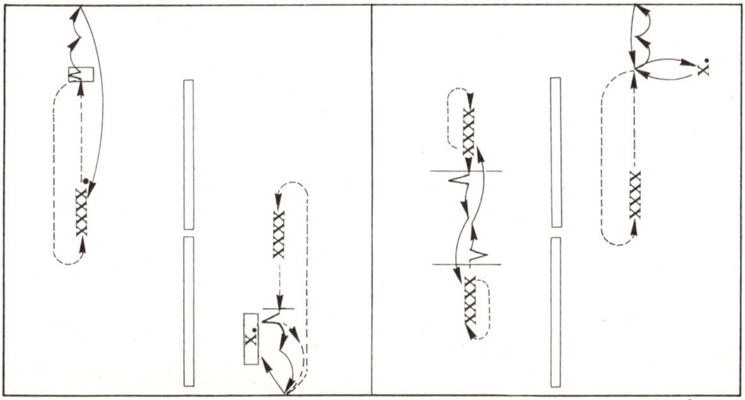

1. Gruppe: Auftakt in einer markierten Zone. Sprung und Schlag auf den Boden vor der Wand (vorn)

2. Gruppe: Nach Auftaktschritt Sprung zum Ball und Schlag in Richtung Boden (vor dem Netz)

3. Gruppe: Die Spieler schlagen den Ball im Sprung auf den Fußboden. Der Partner gegenüber fängt den Ball (hinter dem Netz)

4. Gruppe: Nach Auftaktschritt einen zugeworfenen Ball vor der Wand auf den Boden schlagen (hinten)

3. Programm

Angriffsschlag nach Anlauf und Absprung im Dreierrhythmus

Zielsetzung: Schulung des Dreierrhythmus im Anlauf, Umsetzen der Anlaufgeschwindigkeit in Sprunghöhe, Festigen der Schlagtechnik.

Organisationsrahmen: quergeteilte Halle

Geräte: 6 Matten, 3 kleine Kästen, mindestens 6 Volleybälle, 4 Bänke, Kreide, 2 große Kästen zum Anlehnen der hochgestellten Matten

Übungsbeschreibung

Es werden 3 gleich große Gruppen gebildet. Jede Gruppe nimmt in einem der vorgesehenen Hallenräume Aufstellung.

1. Gruppe:

Die Gruppe steht in Reihe hinter einer Markierung. Ein Spieler steht etwa 3 Meter vor dieser Linie auf einem kleinen Kasten und hält einen Volleyball so hoch, daß er nur im Sprung zu erreichen ist. Unter dem gehaltenen Ball ist auf dem Boden ein Rechteck markiert, in dem Absprung und Landung des angreifenden Spielers erfolgen sollen.

Der Gruppenerste nimmt Anlauf im Dreierrhythmus (rechts – links – Stemmschritt oder links – rechts – Stemmschritt) und schlägt mit langem Arm den gehaltenen Ball auf eine Matte, die etwa 5 Meter vom gehaltenen Ball entfernt in Anlaufrichtung liegt.

2. Gruppe:

Aufstellung wie 1. Gruppe, nur erfolgt ein schräger Anlauf; der Ball wird als Paß gespielt und über eine hochgestellte Matte geschlagen (Abstand der zu treffenden Matte circa 3 Meter von der hochgestellten Matte in Anlaufrichtung). An der Matte steht ein weiterer Spieler, der die geschlagenen Bälle zum Werfer bzw. zum Spieler auf dem Kasten zurückwirft.

3. Gruppe:

Wie 2. Gruppe, nur wird der Ball wieder gehalten. Die Spieler schlagen abwechselnd in Anlaufrichtung und nach einer Drehung den Ball auf die Matte.

Nach jedem Durchgang wird der Spieler auf dem Kasten, der Ballwerfer sowie der Spieler an der Matte ausgewechselt. Nach 3mal 10 Durchgängen wechseln die Gruppen.

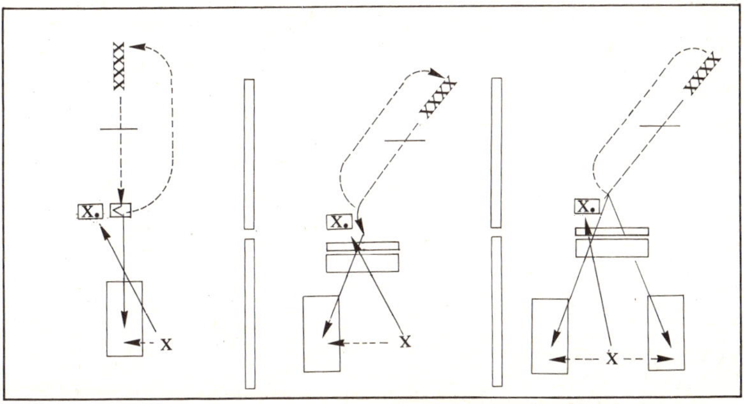

1. Gruppe: Anlauf, Absprung, den gehaltenen Ball auf eine Matte in Anlaufrichtung schlagen

3. Gruppe: Anlauf, Absprung, den gehaltenen Ball über eine hochgestellte Matte auf eine dahinterliegende Matte schlagen

Programme der dritten Ausbildungsphase

1. Programm

Würfe mit Anlauf und Absprung am Netz

Zielsetzung: Vervollkommnen des Anlaufrhythmus, des Stemmschritts und der Armhaltung beim Schlag

Organisationsrahmen: Halle in 6 Übungsräume geteilt. Längsteilung durch 2 Volleyballnetze, die in der Mitte am Korb- oder Hochsprungständer befestigt sind – Gruppenübungen

Geräte: 4 Bänke, 2 Volleyballnetze, 3 Handbälle bzw. Volleybälle, 1 Matte, 1 Hochsprungständer

Übungsbeschreibung

Es werden 3 Gruppen gebildet.

1. Gruppe:

Zwei Gruppen stehen sich im Abstand von circa 4 Meter zum Netz gegenüber. Sie führen abwechselnd folgende Übung durch: Der Gruppenerste hält einen Ball in beiden Händen. Er läuft im Dreierrhythmus an, stemmt, springt und wirft mit beiden Händen und langen Armen den Ball vor den Spieler der anderen Gruppe auf den Fußboden.

2. Gruppe:

Wie 1. Gruppe, nur wird ein Handball mit einer Hand geworfen.

3. Gruppe:

Die Gruppe steht in Reihe diagonal zum Netz. Es erfolgen der Anlauf im Dreierrhythmus, der Stemmschritt, der Absprung und eine Drehung. Der Ball wird mit beiden Händen auf eine Matte geworfen, die links vom Absprungsort liegt.

Die Übungen können erst mit beiden Händen, anschließend mit einer Hand ausgeführt werden. Nach 10 bis 15 Durchgängen wechseln die Gruppen ihre Positionen.

Der Übungsleiter achtet darauf, daß Netzberührungen vermieden werden.

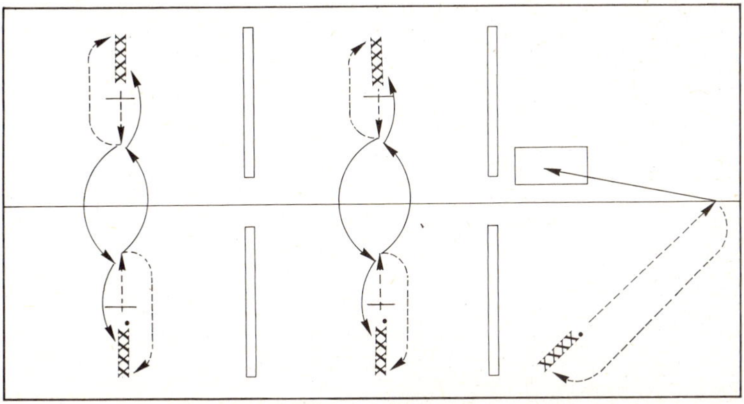

1. Gruppe: Anlauf, Absprung und beidhändiger Wurf

2. Gruppe: Anlauf, Absprung und Wurf mit einer Hand

3. Gruppe: Diagonaler Anlauf, Absprung und Drehung, beidhändiger Wurf

2. Programm

Angriff am niedrigen Netz mit gehaltenen und angeworfenen Bällen

Zielsetzung: Erreichen einer zeitlichen Abstimmung zwischen Anlauf, Absprung zum fliegenden Ball sowie Vervollkommnen des Anlaufrhythmus, des Stemmschritts und der Schlagbewegung

Organisationsrahmen: wie 1. Programm

Geräte: 4 Bänke, 2 Volleyballnetze, 3 Matten, Volleybälle, 1 großer Kasten, 1 Hochsprungständer

Übungsbeschreibung

1. Gruppe:

Ein Spieler steht auf einem großen Kasten und hält einen Volleyball über die Netzkante in Sprunghöhe. Die Gruppe steht in einem Abstand von circa 4 Meter schräg vor dem Kasten. Der Gruppenerste läuft im Dreierrhythmus an und schlägt den gehaltenen Ball gerade auf eine Matte.

2. Gruppe:

Gerader Anlauf zum Netz; die Spieler werfen sich vor dem Schlag den Ball selbst an und schlagen den Ball auf eine Matte in Anlaufrichtung.

3. Gruppe:

Wie 1. Gruppe, nur wird der Ball dem Spieler am Netz zugeworfen.

Nach 10 bis 15 Durchgängen wechseln die Gruppen. Der Übungsleiter achtet darauf, daß die Bälle nicht unterlaufen werden und der Arm beim Schlag locker ist.

Die Netzhöhe ist eine Handbreit höher als die ausgestreckten Arme.

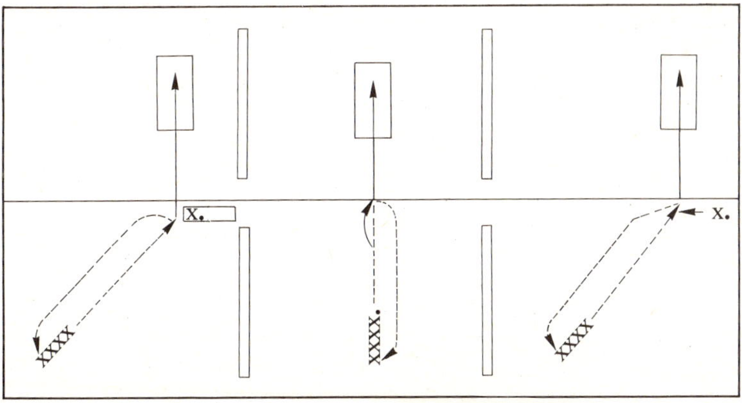

1. Gruppe: Schräger Anlauf zum Netz, Schlagen von gehaltenen Bällen auf eine Matte

2. Gruppe: Gerader Anlauf zum Netz, Schlagen von selbst angeworfenen Bällen auf eine Matte

3. Gruppe: Schräger Anlauf zum Netz, Schlagen von zugeworfenen Bällen auf eine Matte

3. Programm

Angriff am normalen Netz nach angespielten Bällen von rechts und links

Zielsetzung: Vervollkommnen des Anlaufs, des Absprungs, der Schlagtechnik und des Timings des Angriffs

Organisationsrahmen: wie 1. Programm

Geräte: 4 Bänke, 2 Volleyballnetze, 1 Hochsprungständer, Volleybälle

Übungsbeschreibung

Es werden drei gleich große Gruppen gebildet, die in einem Abstand von 4 Meter zum Netz in ihrem Übungsraum Aufstellung nehmen.

1. Gruppe:

Ein Zuspieler steht rechts von der Gruppe am Netz, stellt von hier hohe Pässe. Der Gruppenerste schlägt nach geradem Anlauf und Absprung den Ball in Angriffsrichtung.

2. Gruppe:

Wie 1, nur erfolgt das Zuspiel von der gegenüberliegenden Seite.

3. Gruppe:

Wie 1, nur erfolgt das Zuspiel von links.

Nach jedem Angriff holt der Spieler seinen Ball zurück, übergibt an den Zuspieler und stellt sich bei seiner Gruppe wieder an.

Nach 20 bis 30 Durchgängen erfolgt der Wechsel der Gruppen. Bei Pässen von links muß für Rechtshänder ein gerader Anlauf erfolgen. Bei Pässen von rechts muß auf schrägen Anlauf für Rechtshänder geachtet werden.

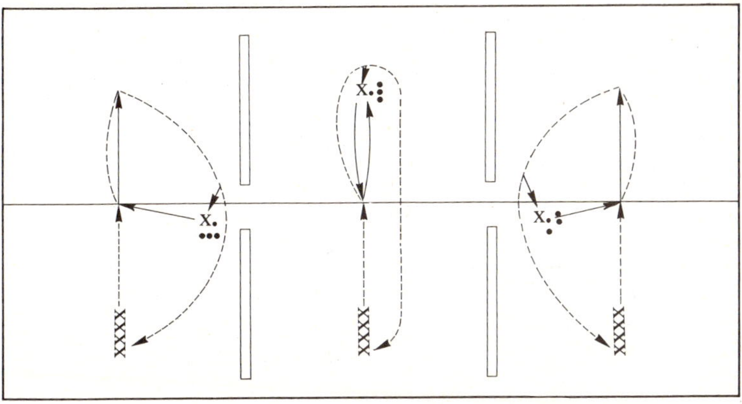

1. Gruppe: Angriff aus Pässen von rechts, schräger Anlauf (rechts)

2. Gruppe: Angriff aus Pässen vom Gegner, gerader Anlauf (Mitte)

3. Gruppe: Angriff aus Pässen von links, gerader Anlauf (links)

Erlernen und Vervollkommnen des Blockierens

Hinweise zur Technik und Methodik

Der Block ist das wichtigste Element zur Abwehr eines harten Angriffsschlags. Daher findet er im Spitzensport häufiger Anwendung als im Breitensport. Bei guter Beherrschung hat das Blockieren Angriffscharakter. Die Technik ist relativ einfach; die richtige Anwendung des Blocks erfordert jedoch große Wettkampferfahrung.
Bei der Schulung der Blocktechnik ist auf zwei Schwerpunkte zu achten:

- Arme und Finger sind so weit wie möglich nach oben gestreckt, wobei sich die Handflächen nebeneinander befinden.
- Der Kopf befindet sich hinter den Armen mit Blickrichtung zum Ball.

Schematische Darstellung der Methodik zum Erlernen und Vervollkommnen des Blockierens

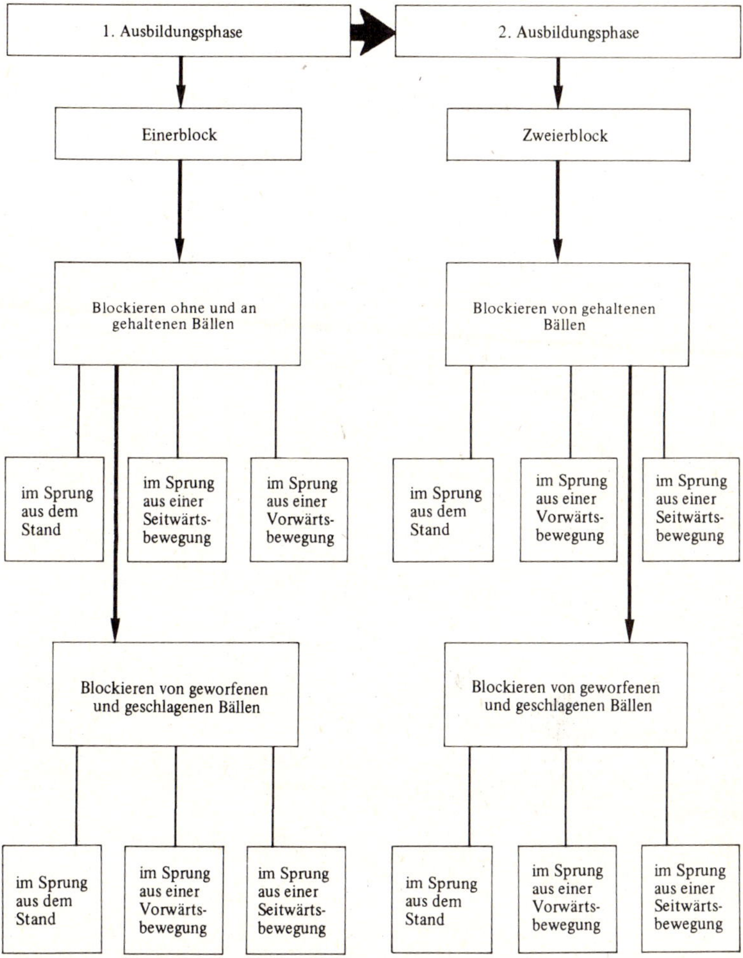

Das Erlernen der Blocktechnik sollte in zwei Ausbildungsphasen erfolgen. Am Anfang steht das Erlernen des Einerblocks; anschließend sollte der Doppelblock geschult werden.
Für den Dreierblock ist keine gesonderte Schulung notwendig, da er sich nur unwesentlich vom Doppelblock unterscheidet und selten angewendet wird.

Programme der ersten Ausbildungsphase

1. Programm

Schulung des Einerblocks mit Hilfe von gehaltenen Bällen

Zielsetzung: Erlernen der Arm- und Handhaltung beim Blockieren

Organisationsrahmen: durch das Volleyballnetz in der Mitte quergeteilte Halle, eine Hälfte mit Zauberschnur, die andere Hälfte mit 2 Bänken noch einmal unterteilt

Geräte: 10 kleine Kästen, Basketbälle, 2 Zauberschnüre, 1 Volleyballnetz, 4 Medizinbälle, 6 Volleybälle

Übungsbeschreibung

1. Gruppe:

Die Gruppe übt das Blockieren aus dem Stand. Sie steht in Reihe vor einem Kasten, auf dem ein Spieler steht und einen Basketball hält. Der Gruppenerste stellt sich unter den Ball, springt hoch und drückt mit den Händen fest gegen den Ball. Nach zwei Durchgängen wird der Spieler auf dem Kasten abgelöst.

2. Gruppe:

Die Gruppe übt das Blockieren nach einer Vorwärtsbewegung mit einem Auftaktschritt. Sie steht in Reihe vor 3 nebeneinanderstehenden Kästen, auf denen jeweils ein Spieler einen Volleyball hält. Der Abstand zu den Kästen beträgt etwa 1 Meter. Der Gruppenerste geht vor zum Kasten 1, springt ab und drückt mit beiden Händen den nochgehaltenen Volleyball, landet, macht einen Ausfallschritt nach hinten und setzt sich auf einen Medizinball, geht vor zum Kasten 2 usw., bis die Übung am Kasten 3 absolviert ist. Die Spieler auf den Kästen werden nach einem Durchgang ausgewechselt.

3. Gruppe:

Die Gruppe übt das Blockieren nach einer Seitwärtsbewegung. Drei Spieler stehen auf der anderen Netzseite auf Kästen. Die Gruppe steht in einem Abstand von 3 Meter in Reihe an der linken Netzhälfte. Der erste geht vor, springt an den gehaltenen Ball bei Kasten 1, läuft seitlich zum Kasten 2, springt, läuft anschließend zum Kasten 3, springt und stellt sich wieder an.

4. Gruppe:

Die Gruppe übt das Blockieren nach einer Vorwärtsbewegung. Drei Spieler stehen auf der anderen Netzseite auf Kästen. Die Gruppe steht in Linie am Aufgaberaum. Der Gruppenerste läuft vor, springt an den gehaltenen Ball bei Kasten 1, läuft 6 Meter zurück zur Grundlinie, setzt sich dort auf einen Medizinball und läuft vor zum Kasten 2 usw.

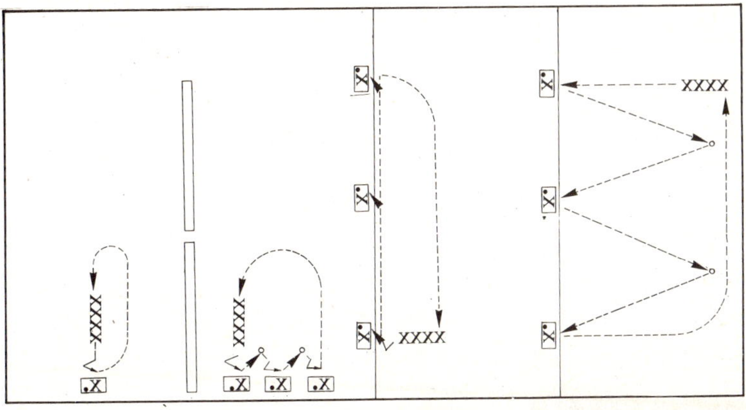

3. Gruppe: Blockieren aus der Seitwärtsbewegung

4. Gruppe: Blockieren aus der Vorwärtsbewegung

2. Programm

Einerblock gegen geworfene Bälle

Zielsetzung: Erreichen der sicheren Ortswahl beim Absprung zum Block und Vervollkommnen der Arm- und Handhaltung

Organisationsrahmen: Halle sechsgeteilt, Längsteilung mit 2 zusammengeknoteten Zauberschnüren, Querteilung mit 4 Bänken

Geräte: 2 Zauberschnüre (zum Stützen evtl. 1 Hochsprungständer), 4 Bänke, Volleybälle

Übungsbeschreibung

Es werden 3 gleich große Gruppen gebildet.

1. Gruppe:

Die Gruppe blockiert zugeworfene Bälle im Sprung aus dem Stand. Die Gruppe steht in Reihe auf einer Seite der Schnur, wobei der erste unmittelbar an der Schnur steht. Die Zauberschnur hängt circa 2 bis 2,40 Meter hoch. Auf der anderen Seite steht in einem Abstand von etwa 4 Meter ein Spieler, der ständig Bälle knapp über die Schnur wirft. Der Gruppenerste springt und versucht, die Bälle zu blockieren.

2. Gruppe:

Wie 1. Gruppe, nur steht die Gruppe circa 3 Meter von der Zauberschnur entfernt, so daß der erste nach vorn laufen muß, um dann zu blokkieren.

3. Gruppe:

Wie 1. Gruppe, nur werden die Bälle nach rechts und links geworfen. Der Gruppenerste muß hier zweimal – einmal rechts und einmal links – blokkieren.

Nach zwei Durchgängen werden die Werfer abgelöst, nach 8 bis 10 Durchgängen die Übungsräume der Gruppen gewechselt.

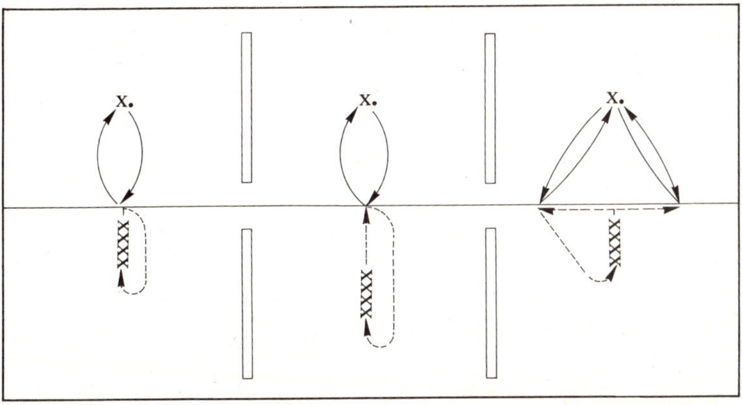

1. Gruppe: Blockieren aus dem Stand

2. Gruppe: Blockieren aus dem Lauf nach vorn

3. Gruppe: Blockieren aus dem Lauf zur Seite

Programme der zweiten Ausbildungsphase

1. Programm

Schulung des Zweierblocks mit gehaltenem Ball

Zielsetzung: Erreichen einer Harmonie der Blockpaare im Lauf, Sprung und Blockieren

Organisationsrahmen: viergeteilte Halle, Längsteilung durch Zauberschnüre, Querteilung durch Volleyballnetz – Partnerübungen in Gruppen

Geräte: 1 Volleyballnetz, 2 Zauberschnüre, 8 kleine Kästen, 8 Basketbälle

Übungsbeschreibung

Es werden 4 Gruppen und innerhalb der Gruppen Paare gebildet.

1. Gruppe:

Die Gruppe übt den Doppelblock aus dem Stand an gehaltenen Basketbällen. Die Paare stehen hintereinander auf einer Seite des Volleyballnetzes, wobei das erste Paar unmittelbar davor steht. Auf der anderen Seite steht auf einem Kasten ein Spieler und hält einen Basketball hoch. Das Paar springt gleichzeitig hoch, drückt mit den Händen gegen den Ball und stellt sich hinten an.

2. Gruppe:

Die Gruppe übt den Doppelblock aus dem Lauf nach vorn. Die Übung erfolgt wie bei der 1. Gruppe, nur stehen die Paare im Abstand von 3 Meter zum Netz, müssen vorlaufen und dann blockieren.

3. Gruppe:

Die Gruppe übt den Block im seitlichen Lauf nach rechts. Die Spieler auf der anderen Seite der Zauberschnur stehen mit Basketbällen auf jeweils einem kleinen Kasten. Die Kästen sind jeweils 3 Meter voneinander entfernt. Das erste Paar springt zum Ball des Spielers auf Kasten 1 (links), läuft nach rechts bis zur Mitte, blockt, läuft zum rechten Kasten und blockt dort ebenfalls den gehaltenen Ball. Nach Beendigung der Übung stellt sich das Paar hinten an.

4. Gruppe:

Wie 3. Gruppe, nur erfolgt der seitliche Lauf von rechts nach links.

Nach 2 Durchgängen werden die Spieler auf den Kästen abgelöst. Die Gruppen wechseln nach 10 Durchgängen.

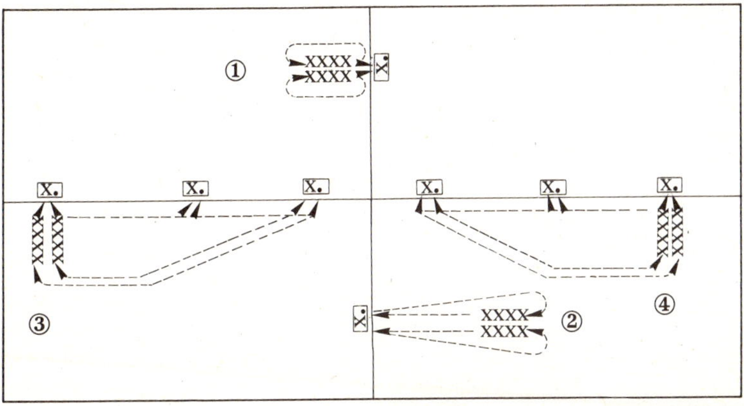

1. Gruppe: Doppelblock im Sprung aus dem Stand

3. und *4. Gruppe:* Doppelblock im Sprung nach Seitwärtslaufen

2. Programm

Schulung des Doppelblocks gegen geworfene Bälle

Zielsetzung: Erreichen einer sicheren Ortswahl beim Absprung zum Block sowie Vervollkommnen der Harmonie beim Absprung und Blockieren

Organisationsrahmen: halbierte Halle durch das Volleyballnetz

Geräte: 1 Volleyballnetz, Volleybälle

Übungsbeschreibung

Die beiden Gruppen bilden Blockpaare. Auf jeder Seite des Volleyballnetzes steht je ein Werfer, ihm gegenüber auf der anderen Seite seine Gruppe.

1. Gruppe:

Die Gruppe steht 3 Meter, der Werfer 5 Meter entfernt vom Netz. Der Werfer wirft ständig Bälle flach über das Netz. Die Blockpaare laufen vor, blockieren im Zweierblock und stellen sich hinten an.

2. Gruppe:

Die Gruppe steht paarweise in Reihe unmittelbar am Netz. Der Werfer ist circa 6 Meter vom Netz entfernt und wirft flache Bälle nach rechts und links über das Netz. Die Paare müssen 3 Bälle erfolgreich abblocken; dann stellen sie sich hinten an.

Nach zwei Durchgängen werden die Werfer abgelöst. Die Gruppen wechseln nach 10 Durchgängen.

Der Übungsleiter achtet besonders auf das gleichzeitige Abspringen beider Blockspieler und darauf, daß möglichst keine Netzfehler gemacht werden. Weiterhin darf die Linie nicht übertreten werden.

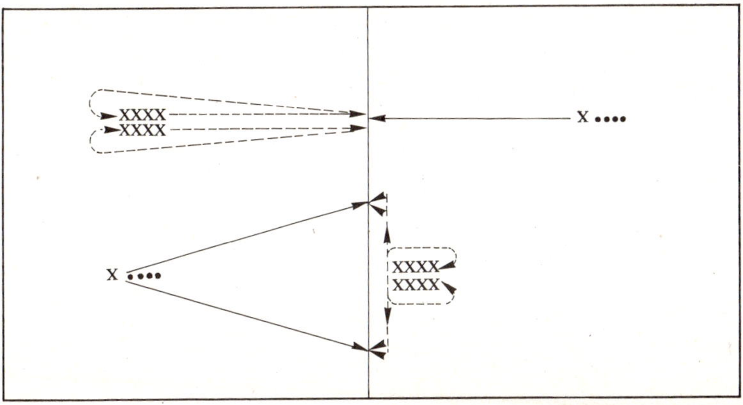

1. Gruppe: Blockieren im Sprung nach Vorwärtslaufen

2. Gruppe: Blockieren im Sprung nach Seitwärtslaufen

HEIM
GAST

Organisations- und Übungsformen zur Schulung von technischen und taktischen Fertigkeiten im Handball

Erlernen und Vervollkommnen des Fangens und Passens

Hinweise zur Technik und Methodik

Fangen und Passen zählen zu den wichtigen technischen Grundfertigkeiten des Handballspiels. Beide Elemente treten überwiegend in Verbindung auf. Aus der Häufigkeit der Anwendung ergibt sich die Notwendigkeit, die Schulung dieser technischen Grundformen an den Anfang des Handballunterrichts zu stellen.
Auch wenn bei den folgenden Übungsformen die Ballannahme den Schwerpunkt bildet, ist auf eine einwandfreie technische Durchführung des Passens zu achten. Wegen der großen Übereinstimmung der Bewegungsabläufe der wichtigsten Zuspielarten mit denen der entsprechenden Torwürfe wird auf diese Schulung bei den Wurfarten besonders eingegangen.

Ballannahme
Wir unterscheiden folgende Arten der Ballannahme:
Fangen, Stoppen, Aufnehmen und Mitnehmen.
Als sicherste Ballannahme gilt das beidhändige Fangen schulterhoch zugespielter Bälle. Das Erlernen dieser Fertigkeit sollte im Mittelpunkt der Anfängerschulung stehen. Dabei sind drei Faktoren besonders zu beachten:

- Handhaltung: Die Hände formen einen Trichter; Daumen und Zeigefinger bilden ein Dreieck, die Finger zeigen nach oben.

● Hand- und Armhaltung vor der Ballannahme: Arme und Hände werden dem Ball entgegengestreckt.

● Haltung im Moment der Ballannahme: Beugen der Arme zum Körper, eventuell Beugen des Oberkörpers nach hinten, um dem Ball die Schärfe zu nehmen.

Passen (Zuspiel)

Die häufigsten Zuspielarten sind: Schlagwurf, Sprungpaß, Druckwurf und Schockwurf.

Der Anfänger sollte als die leichteste und sicherste Form des Passens zunächst den direkten Schlagwurf erlernen, der schulterhoch ohne und mit Ortsveränderung ausgeführt wird.

Die richtige Ausführung des Schlagwurfs in der Bewegung erlaubt ein Beibehalten der Laufgeschwindigkeit. Bei der Anfängerschulung ist zu beachten, daß der Ball nicht gestoßen oder geschleudert wird.

Bei der Schulung des Schlagwurfs im Stand sind folgende Details besonders wichtig:

- Fußstellung: Der Werfer steht in der Schrittstellung. Die Fußspitzen zeigen nicht genau in die Wurfrichtung, sondern sind etwas zur Wurfarmseite hin gedreht. Beim Rechtshänder steht das linke Bein vorn, beim Linkshänder umgekehrt (Foto links).
- Armhaltung: ausreichende Ausholbewegung des eingewinkelten Wurfarms. Der Ball darf nicht gestoßen oder geschleudert werden (Foto links unten).
- Handhaltung: Die Hand liegt mit gespreizten Fingern hinter dem Ball (Foto unten).

Schematische Darstellung der Methodik zum Erlernen und Vervollkommnen des Fangens und Passens

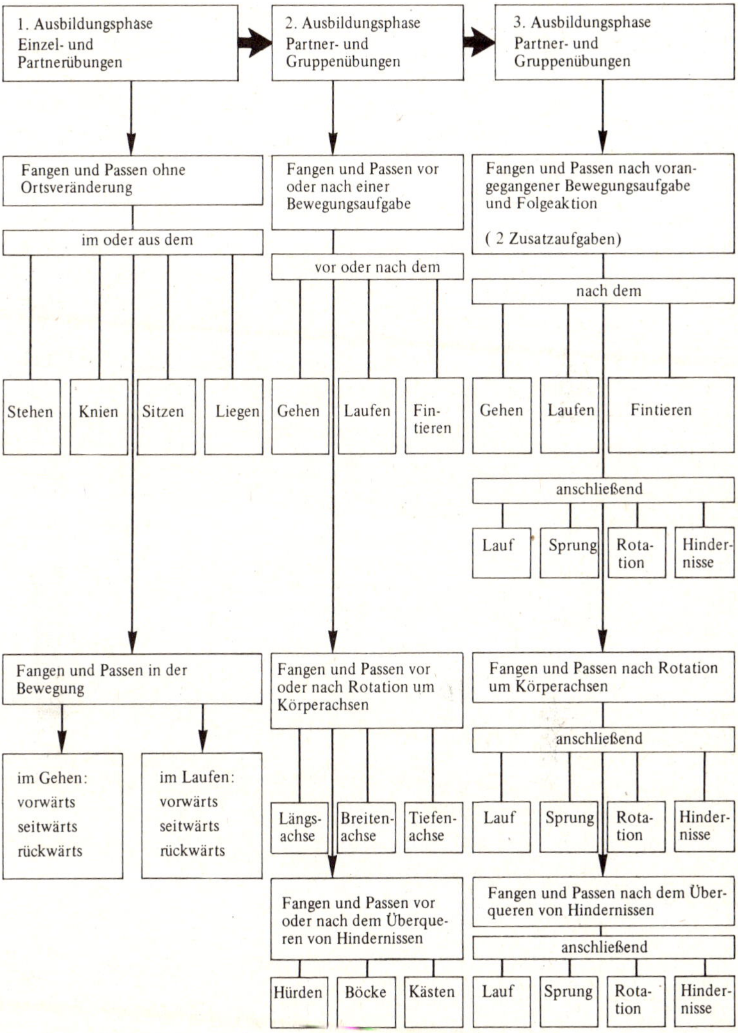

Die Schulung der Ballannahme soll in Verbindung mit dem Passen in drei Ausbildungsphasen erfolgen, die in der schematischen Darstellung oben näher erläutert werden.

Programme der ersten Ausbildungsphase

1. Programm

Zielsetzung: Erlernen des Fangens und Passens ohne Ortsveränderung – Einzel- und Partnerübungen

Organisationsrahmen: Die Halle wird durch 6 Bänke in einen Außen- und einen Innenraum geteilt.
Raum 1: Hand- und Medizinbälle
Raum 2: Hand- und Medizinbälle

Geräte: 6 Bänke, Handbälle, Medizinbälle

Übungsbeschreibung

Die Teilnehmer bilden 2 Gruppen. Eine Gruppe absolviert im Innenraum Partnerübungen, die andere Gruppe führt unter Benutzung der Hallenwände Einzelübungen durch. Die Teilnehmer üben abwechselnd mit einem Hand- und einem Medizinball. Die Gruppen arbeiten selbständig in ihrem Hallenraum. Bei allen Übungen achtet der Übungsleiter auf eine richtige Ballannahme.

1. Gruppe:

a) Mit einem Abstand von 2 Meter (Handball), 1 Meter (Medizinball) zur Wand wird der Ball aus der Schrittstellung so geworfen, daß er zur Wurfhand zurückprellt.
Handball – 20 Würfe rechts, 20 Würfe links
Medizinball – 10 Würfe rechts, 10 Würfe links

b) Wie a, nur werden die Würfe im Sitzen ausgeführt.

2. Gruppe:

a) Die Gruppenmitglieder stehen sich in einem Abstand von 2 bis 3 Meter paarweise in der Schrittstellung gegenüber und passen sich den Ball genau auf die Wurfhand zu.
Handball – 20 Würfe rechts, 20 Würfe links
Medizinball – 10 Würfe rechts, 10 Würfe links

b) Wie a, nur werden die Würfe im Sitzen ausgeführt.

Die Aufgaben unter 1 und 2 können ebenfalls mit leichten Abänderungen im Knien und im Liegen ausgeführt werden.

Übungsdauer: Die Dauer ist abhängig von der individuellen Gestaltung des Unterrichts durch den Übungsleiter.

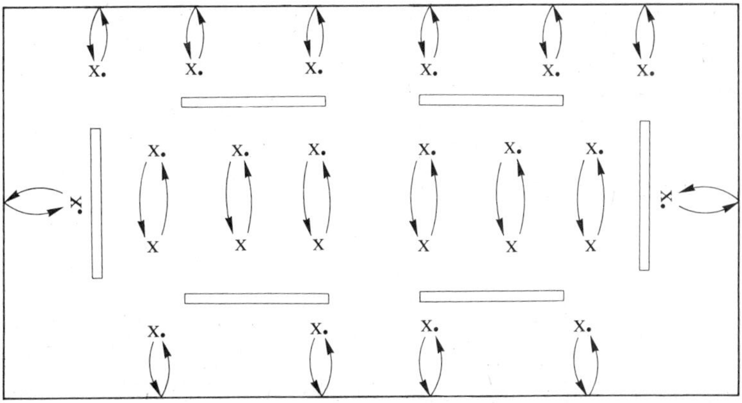

2. Gruppe, Übung a: Partnerübung – Passen auf die Wurfhand (richtig), Passen nicht auf die Wurfhand (falsch)

2. Gruppe, Übung b: Ballannahme und Passen im Sitzen

2. Programm

Zielsetzung: Erlernen des Fangens und Passens in der Bewegung – Einzel- und Partnerübungen

Organisationsrahmen: Die Halle wird durch 3 Bänke in 2 Räume geteilt.
Raum 1: ein Drittel längsgeteilt, 4 Malstangen, 1 Handball, 1 Medizinball
Raum 2: zwei Drittel längsgeteilt, 4 kleine Kästen, 4 Malstangen, 2 Handbälle

Geräte: 4 kleine Kästen, 8 Malstangen, 3 Handbälle, 1 Medizinball

Übungsbeschreibung

Die Teilnehmer bilden 2 Gruppen und führen im Wechsel die für die Räume 1 und 2 angegebenen Aufgaben durch.

1. Gruppe: Einzelübungen

Der Raum der 1. Gruppe muß als Begrenzung eine Wand aufweisen, gegen die Bälle geworfen werden können. Die Teilnehmer üben in 2 Staffeln. Die Staffel an der Hallenwand benutzt einen Medizinball, die andere Staffel einen Handball. Die Aufgaben werden im Wechsel ausgeführt.

a) Der Ball muß während eines Laufs 8mal ungefähr 1 bis 2 Meter hoch in die Luft geworfen und anschließend gefangen werden – 5 Läufe pro Teilnehmer.

b) Die Übenden werfen den Ball während eines Laufs 4mal in die Luft. Der Ball darf nicht mehr als 3 Schritte getragen werden – 5 Läufe pro Teilnehmer.

c) Während eines Laufs wird der Ball gegen die Wand geworfen und anschließend gefangen. Die Teilnehmer der Medizinballstaffel werfen den Ball aus ungefähr 1 Meter Entfernung in Kopfhöhe gegen die Wand. Die zweite Staffel übt gleichzeitig, wirft den Ball aber ungefähr aus einer Entfernung von 3 bis 4 Meter so, daß die Medizinballstaffel ungestört üben kann – 3 Läufe pro Teilnehmer.

d) Wie c, nur in der Seitwärtsbewegung – 3 Läufe pro Teilnehmer.

2. Gruppe: Partnerübungen

a) Die Gruppe übt in 2 Staffeln. An den Laufwegen jeder Staffel stehen 2 Teilnehmer auf einem kleinen Kasten als Anspielstationen (Abstand zum Laufweg circa 1,50 Meter). Jeder Läufer paßt den Ball nacheinander zu den Anspielern und fängt die zurückgespielten Bälle, anschließend Ballübergabe an den nächsten Teilnehmer. Die Anspieler werden nach 3 Läufen abgelöst. Die Übenden absolvieren die Aufgabe im Gehen, im langsamen und im schnellen Lauf – 10 bis 12 Läufe pro Teilnehmer.

b) Die Gruppe übt paarweise in Staffelform. Die Partner spielen sich im Abstand von 2 Meter den Ball zu, bis sie die gegenüberstehenden Staffelläufer erreicht haben. Dort wird der Ball übergeben. Die Durchführung erfolgt im Gehen, im langsamen und im schnellen Lauf sowie im Seitwärtslaufen – 10 Läufe pro Paar, nach 5 Läufen wird der Abstand auf 4 Meter vergrößert.

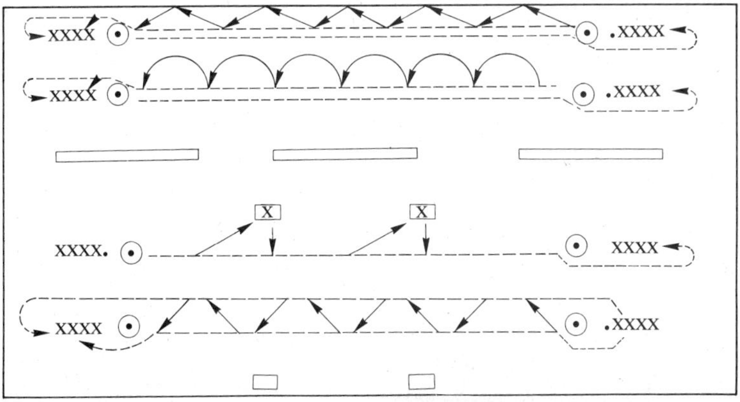

1. Gruppe, Übung a und *b:* Medizinball und Handball in der Vorwärtsbewegung in die Luft werfen

1. Gruppe, Übung d: Fangen und Passen in der Seitwärtsbewegung

3. Programm

Zielsetzung: Erlernen des Fangens und Passens im Stand und in der Bewegung

Organisationsrahmen: Die Halle wird durch 2 bis 3 Bänke in 2 Hälften quergeteilt.
Raum 1: 8 Handbälle
Raum 2: 8 kleine Kästen, 8 Handbälle

Geräte: 16 Bälle, 2 bis 3 Bänke, 8 kleine Kästen, auf denen die Anspieler vom 2. Übungsraum stehen

Übungsbeschreibung

Die Teilnehmer üben selbständig in 2 Gruppen. Sie absolvieren im Wechsel die für die Räume 1 und 2 angegebenen Aufgaben.

1. Gruppe:
Fangen und Passen in Dreiergruppen ohne Ortsveränderung.
a) Die Spieler stehen in Dreiecksform im Abstand von 2 Meter zueinander. Zwei Spieler erhalten einen Handball. Der Spieler ohne Ball fängt die im Wechsel zugespielten Bälle und paßt sie zurück. Nach 25 Ballannahmen des Spielers ohne Ball wird der Fänger abgelöst.
b) Drei Spieler stehen im Abstand von 2 Meter in einer Reihe. Der Teilnehmer in der Mitte erhält keinen Ball. Er fängt die von beiden Partnern zugeworfenen Bälle. Dazu muß er sich nach jedem Rückpaß zu seinem nächsten Partner umdrehen. Der Wechsel erfolgt nach 20 Ballannahmen.

2. Gruppe:
a) Die 2. Gruppe übt in 2 Staffeln mit je 4 Anspielern, die etwa 2 Meter vom Laufweg der Übenden entfernt stehen. Die Teilnehmer bewegen sich im Seitwärtslaufen durch die quergeteilte Halle hin und zurück. Dabei passen sie einen Ball zu den Anspielpartnern und fangen die zurückgeworfenen Bälle – 4 Durchgänge pro Spieler. Danach wechseln Anspieler und Staffelläufer ihre Funktion.
b) Die Gruppenmitglieder bilden Paare, die jeweils einen Ball erhalten. Die Paare bewegen sich im Gehen und Laufen frei in ihrem Hallenraum und passen sich den Ball gegenseitig zu – 30 Ballannahmen pro Spieler.

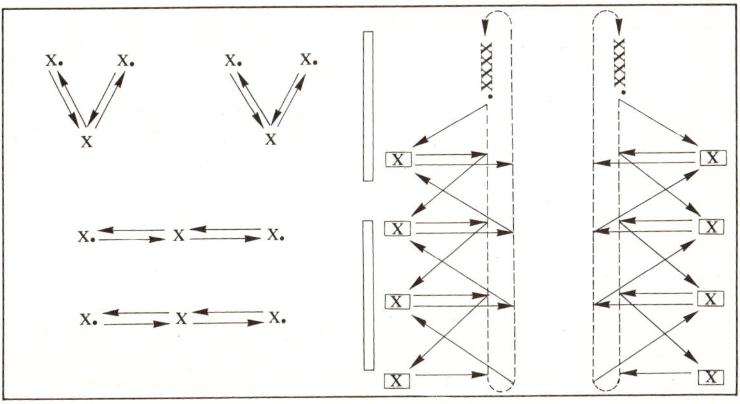

1. *Gruppe, Übung a:* Dreieckspassen

1. *Gruppe, Übung b:* Dreierpassen mit Umdrehen des Mittelmanns

Programme der zweiten Ausbildungsphase

1. Programm

Zielsetzung: Erlernen des Fangens und Passens vor und nach dem Gehen und Laufen

Organisationsrahmen: Die Halle wird durch 4 bis 6 Bänke in 3 gleich große Räume quergeteilt.
Raum 1: 2 Handbälle
Raum 2: 4 Matten, 2 Handbälle
Raum 3: 3 Matten, 1 Handball

Geräte: 4 bis 6 Bänke, 7 Matten, 5 Handbälle

Übungsbeschreibung

Die Teilnehmer üben selbständig in 3 Gruppen. Sie absolvieren im Wechsel die für die Räume 1, 2 und 3 angegebenen Aufgaben.

1. Gruppe:
Die Teilnehmer üben in 2 Staffeln.

a) Der Staffelerste wirft den Ball aus einer Entfernung von 3 Meter gegen die Wand und stellt sich danach bei seiner Gruppe hinten an. Der Staffelzweite fängt den geworfenen Ball und wirft ihn wieder gegen die Wand usw.

b) Wie a, nur stellt der Teilnehmer sich nach dem Wurf gegen die Wand bei der 2. Staffel hinten an. Er muß also einen längeren Weg laufen.

Die Dauer der Übungen wird vom Übungsleiter festgelegt.

2. Gruppe:
Die Gruppe übt in 2 Staffeln. Die Teilnehmer stehen hintereinander auf einer Turnmatte (siehe Hallengrundriß).

a) Der Staffelerste paßt den Ball zum gegenüberstehenden Partner – Entfernung 4 Meter. Danach stellt er sich bei der Gruppe gegenüber hinten an.

b) Die diagonal zueinander stehenden Staffelgruppen passen sich den Ball zu. Nach dem Paß laufen die Teilnehmer außen um die Gruppen herum und stellen sich bei der diagonal gegenüberstehenden Gruppe an.

Die Übungsdauer bestimmt der Leiter.

3. Gruppe:
Die Teilnehmer üben in einer Dreierstaffel. Sie stehen auf Matten hintereinander.

a) Der Ball wird im Uhrzeigersinn im Dreieck gepaßt. Jeder Teilnehmer läuft nach seinem Paß außen herum zur übernächsten Matte und stellt sich bei dieser Gruppe an.

b) Wie a, nur läuft der Teilnehmer nach dem Paß einmal außen herum und stellt sich bei seiner Gruppe wieder an.

Die Übungsdauer bestimmt der Leiter.

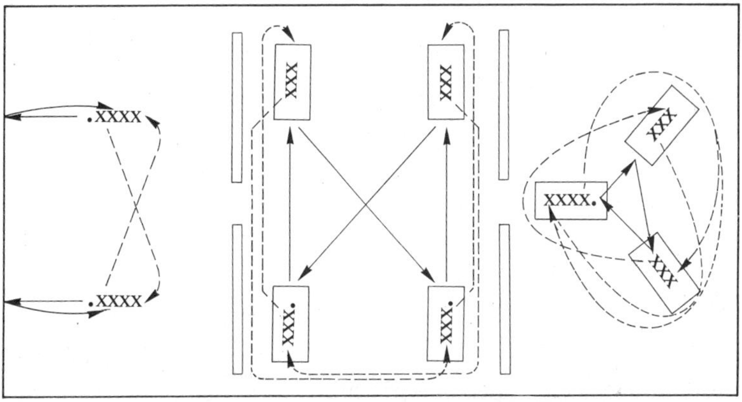

1. Gruppe, Übung b: Gruppe in Aktion

3. Gruppe, Übung a: Gruppe in Aktion

2. Programm

Zielsetzung: Erlernen des Fangens und Passens in Verbindung mit einer Zusatzaufgabe – Einzel- und Partnerübungen

Organisationsrahmen: Die Halle wird durch 6 Bänke in einen Außen- und einen Innenraum geteilt.

Geräte: 6 Bänke, Bälle

Übungsbeschreibung

Die Teilnehmer üben selbständig in 2 Gruppen. Sie führen im Wechsel die für die Räume 1 und 2 angegebenen Aufgaben durch.

1. Gruppe:

Einzelübungen

Die Teilnehmer passen die Bälle aus einer Entfernung von 2 bis 3 Meter gegen die Wand.

a) Passen – Hocksprung – Fangen.

b) Passen – Drehung um die Längsachse – Fangen.

c) Passen – Bodenberührung mit den Händen – Fangen.

d) Rücken zur Wand – Paß über den Kopf oder durch die gegrätschten Beine gegen die Wand – Umdrehen – Fangen.

2. Gruppe:

Partnerübungen

Ein Teilnehmer sitzt, der andere steht. Abstand voneinander 3 Meter.

a) Der sitzende Partner paßt den Ball. Anschließend beugt er den Rumpf und die Arme auf die gestreckten Beine, richtet sich wieder auf und fängt den vom Partner zugespielten Ball – 10mal, danach Wechsel.

b) Paß aus dem Sitzen. Anschließend Rückenlage. Schnelles Anheben der gestreckten Beine. Die Füße berühren hinter dem Kopf den Boden. Zurück in den Sitz – Ballannahme – 6- bis 8mal, danach Wechsel.

c) Beide Partner sitzen. Paß – Drehung um die Längsachse durch den Liegestütz – Ballannahme – 10mal, danach Wechsel.

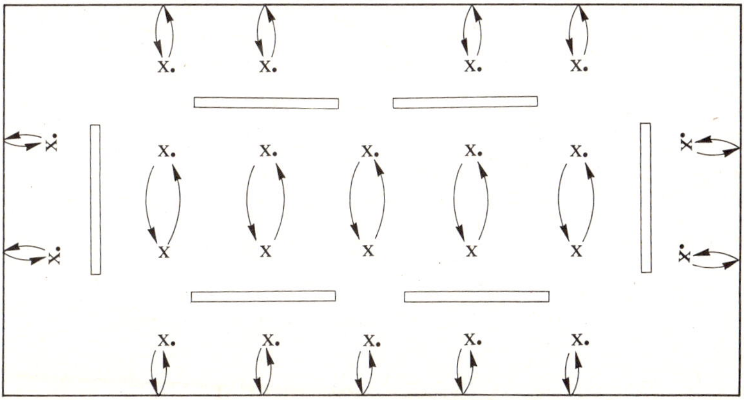

1. Gruppe, Übung a: Paß – Hocksprung – Ballannahme

1. Gruppe, Übung b: Paß – Drehung – Ballannahme

2. Gruppe, Übung c: Paß – Drehung um die Längsachse – Ballannahme

3. Programm

Zielsetzung: Erlernen des Fangens und Passens nach dem Überwinden von Hindernissen

Organisationsrahmen: Die Halle wird durch 4 Bänke in 3 Räume quergeteilt.
Raum 1: 2 Hürden, 2 Bälle
Raum 2: 2 kleine Kästen, 4 Matten, 2 Bälle
Raum 3: 2 Böcke, 4 Matten, 2 Bälle

Geräte: 4 Bänke, 2 Hürden, 8 Matten, 2 kleine Kästen, 2 Böcke, 6 Bälle

Übungsbeschreibung

Es werden 3 Gruppen gebildet, die sich in jeweils 2 Staffeln in ihrem Übungsraum aufstellen. Die ersten einer jeden Staffel stehen 3 bis 4 Meter von ihrem Gerät entfernt. Die Dauer der Belastung wird vom Übungsleiter bestimmt. Die Gruppen üben in allen 3 Räumen.

1. Gruppe:

a) Zwischen den Staffelgruppen steht eine Hürde. Der erste Spieler paßt den Ball zum gegenüberstehenden Partner, überspringt nach dem Anlaufen die Hürde und fängt während der Landephase den zurückgepaßten Ball. Anschließend übergibt er den Ball an den Zuspieler und stellt sich bei der neuen Gruppe hinten an.

b) Wie a, nur kriecht der Spieler unter der Hürde hindurch und fängt den zugespielten Ball während des Aufrichtens.

2. Gruppe:

a) Zwischen den Staffeln steht in der Hallenmitte ein kleiner Kasten. Der erste Spieler paßt den Ball zum gegenüberstehenden Partner, springt nach dem Anlaufen hoch vom Kasten ab und fängt den Ball während der Flugphase. Anschließend übergibt er den Ball und stellt sich bei der neuen Gruppe hinten an.

b) Wie a, nur dreht sich der Spieler während des Sprungs um die Körperlängsachse und fängt dann den Ball.

3. Gruppe:

a) Übung wie bei 1 und 2, nur steht zwischen den Staffeln ein Bock. Übungsfolge: Paß – Anlauf – Grätschsprung – Fangen – Ballübergabe.

b) Wie a, nur wird der Bock mit einem Hocksprung überwunden.

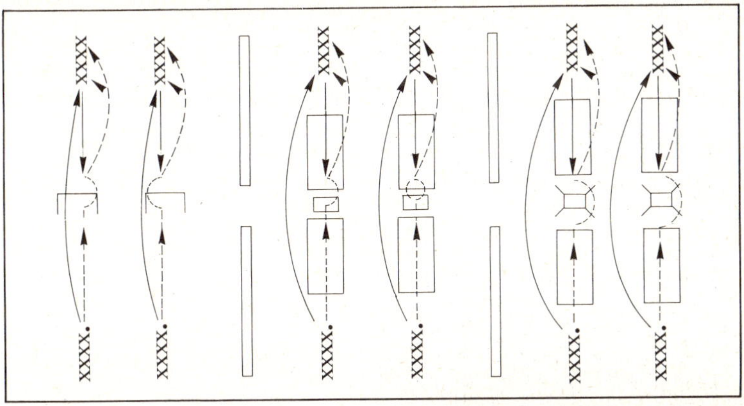

1. Gruppe, Übung b: Ballannahme während des Aufrichtens

2. Gruppe, Übung a: Ballannahme in der Flugphase

Programme der dritten Ausbildungsphase

1. Programm

Zielsetzung: Erlernen des Fangens und Passens nach vorangegangenem Lauf oder Fintieren und anschließender Aktion (Lauf, Sprung, Rotation)

Organisationsrahmen: Die Halle wird durch 6 Bänke in 4 Räume längsgeteilt.

Raum 1: 2 kleine Kästen, 1 Malstange, 1 Ball
Raum 2: 3 Hürden, 1 Ball
Raum 3: 2 Matten, 1 Ball
Raum 4: 1 kleiner Kasten, 1 großer Kasten, 1 Matte, 1 Ball

Geräte: 6 Bänke, 1 Malstange, 3 Hürden, 3 Matten, 1 kleiner Kasten, 1 großer Kasten, 4 Bälle

Übungsbeschreibung

Die Teilnehmer bilden 4 Gruppen, die die für die Räume 1 bis 4 genannten Übungen im Wechsel durchführen. Die Spieler übernehmen alle einmal die Funktion der Anspieler in den einzelnen Gruppen. Die Dauer der Belastung wird vom Übungsleiter festgelegt.

1. Gruppe:

Spieler 1 (siehe Hallengrundriß) steht mit einem Ball circa 6 Meter von der Gruppe entfernt und wirft den Ball senkrecht in die Luft; der Gruppenerste läuft an und fängt ihn. Anschließend paßt er den Ball zu Spieler 2 (Abstand zu Spieler 1 circa 6 Meter). Spieler 2 paßt den Ball zurück zu Spieler 1. Der Staffelerste sprintet nach der Abgabe um eine Malstange herum zurück zur Gruppe und stellt sich hinten an.

2. Gruppe:

Der Gruppenerste läuft ab und fängt einen Paß von Spieler 1, der ihm den Ball von hinten zuspielt. Anschließend paßt er den Ball zu Spieler 2, der sofort zu Spieler 1 abspielt. Der Gruppenerste überspringt nach der Ballabgabe 3 Hürden im Zweischritt-Rhythmus und sprintet zu seiner Gruppe zurück. Abstand von Spieler 1 zu Spieler 2 ungefähr 10 Meter.

3. Gruppe:

Wie 2, nur werden die Hürden durch Matten ersetzt, auf denen die Teilnehmer eine Rolle vorwärts, einen Strecksprung mit halber Drehung, eine Rolle rückwärts ausführen müssen.

4. Gruppe:

Der Gruppenerste läuft an, fintiert vor einem kleinen Kasten (Ausfallschritt nach links) und fängt den Paß von Spieler 1 (Entfernung 2 bis 3 Meter). Anschließend wirft er den Ball zu Spieler 2, der den Ball sofort zu Spieler 1 weiterleitet. Der Gruppenerste springt nach der Abgabe über einen quergestellten großen Kasten und kehrt zur Gruppe zurück.

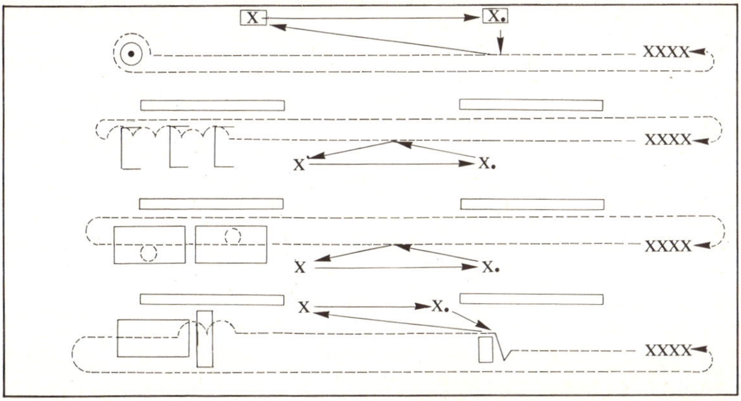

2. Gruppe: Ballannahme eines von hinten zugespielten Balls

4. Gruppe: Ballannahme nach dem Fintieren

2. Programm

Zielsetzung: Erlernen des Fangens und Passens nach vorhergehender Rotation und anschließender Folgeaktion

Organisationsrahmen: Die Halle wird durch 4 Bänke in 3 Räume quergeteilt.

Raum 1: 2 Matten, 2 Bälle
Raum 2: 2 kleine Kästen, 2 Matten, 2 große Kästen, 2 Bälle
Raum 3: 2 große Kästen, 2 Matten, 2 Weichböden, 2 Bälle

Geräte: 6 Matten, 2 kleine Kästen, 4 große Kästen, 2 Weichböden, 6 Bälle

Übungsbeschreibung

Es werden 3 gleich große Gruppen gebildet. Die Teilnehmer stellen sich in ihrem Raum an einer Längsseite der Halle hintereinander auf. An jeder Station steht ein Spieler mit einem Ball in circa 2 Meter Entfernung zum Gerät. Alle Teilnehmer übernehmen für eine bestimmte Zeit die Funktion dieses Spielers. Die Dauer der Belastung wird vom Übungsleiter festgelegt.

1. Gruppe:

Die Teilnehmer üben in 2 Staffeln. Der Gruppenerste läuft bis zur Matte, macht eine Rolle vorwärts, bemüht sich, ohne Einsatz der Hände aufzustehen, und fängt den während des Aufstehens zugespielten Ball. Anschließend paßt er den Ball zum Zuspieler zurück, sprintet bis zur gegenüberliegenden Hallenwand und zurück zur Gruppe.

2. Gruppe:

Die Teilnehmer üben in 2 Staffeln. Der Gruppenerste schlägt ein Rad auf dem kleinen Kasten. Anschließend fängt er den Ball des Zuspielers und spielt den Ball zurück. Danach springt er über einen quergestellten großen Kasten, berührt die Hallenwand und läuft zur Gruppe zurück.

3. Gruppe:

Die Teilnehmer üben in 2 Staffeln. Der Gruppenerste rollt aus der Bauchlage von einem längsgestellten großen Kasten ab. Danach: Ballannahme – Rückpaß – Flugrolle auf einem Weichboden – Lauf zurück zur Gruppe.

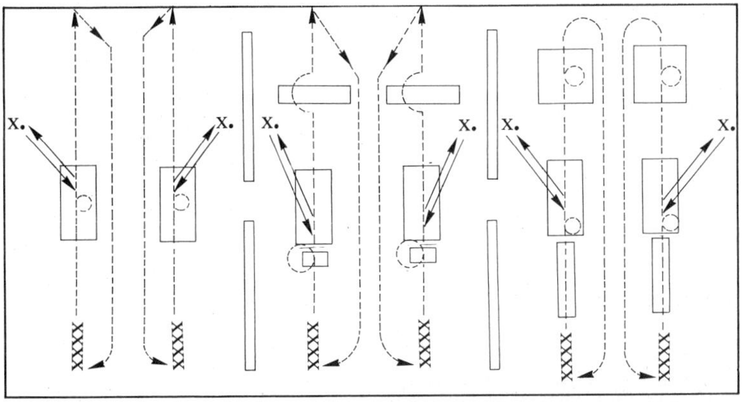

1. Gruppe: Ballannahme während des Aufstehens nach der Rolle

2. Gruppe: Ballannahme nach Radschlagen

3. Gruppe: Ballannahme nach Abrollen vom großen Kasten

3. Programm

Zielsetzung: Erlernen des Fangens und Passens bei folgender Aufgabenstellung: Paß – Aktion – Ballannahme – Paß – Aktion

Organisationsrahmen: Die Halle wird durch 4 Bänke längsgeteilt.
Raum 1: 1 kleiner Kasten, 1 großer Kasten, 2 Matten, 1 Ball
Raum 2: 4 kleine Kästen, 1 Weichboden, 1 Ball
Raum 3: 8 bis 10 Malstangen, 1 Ball

Geräte: 4 Bänke, 5 kleine Kästen, 2 Matten, 1 großer Kasten, 8 bis 10 Malstangen, 1 Weichboden, 3 Bälle

Übungsbeschreibung

Die Teilnehmer bilden 3 Gruppen, die die für die Räume 1 bis 3 genannten Übungen im Wechsel durchführen. Die Übenden übernehmen abwechselnd die Funktion des Zuspielers. Die Dauer der Belastung wird vom Übungsleiter festgelegt.

1. Gruppe:

Der Gruppenerste paßt den Ball zum Zuspieler. Danach läuft er bis zu einem kleinen Kasten, fintiert (Ausfallschritt nach links oder rechts) und überquert dann einen quergestellten großen Kasten. Nach der Landung fängt er den vom Zuspieler geworfenen Ball, paßt ihn zurück, macht eine Rolle auf einer Matte und kehrt zur Gruppe zurück. Der Zuspieler wirft den Ball nach dem Rückpaß zum nächsten Gruppenmitglied.

2. Gruppe:

Der Gruppenerste paßt den Ball zum Zuspieler. Danach läuft er im Zweischritt-Rhythmus über kleine Kästen – Ballannahme und Rückpaß zum Zuspieler – Flugrolle über einen kleinen Kasten auf einen Weichboden – Lauf zurück zur Gruppe. Der Zuspieler hat den Ball inzwischen zum nächsten Gruppenmitglied gepaßt.

3. Gruppe:

Übungsfolge wie 1 und 2. Paß – Slalomlauf – Ballannahme – Rückpaß zum Zuspieler – Slalomlauf – Lauf zurück zur Gruppe. Der Zuspieler wirft den Ball zum nächsten Gruppenmitglied.

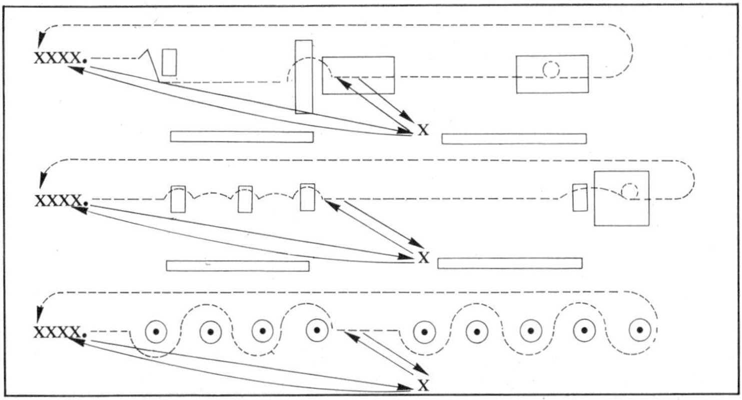

2. Gruppe: Zweischritt-Rhythmus über Kästen, Ballannahme – Paß – Flugrolle

Erlernen und Vervollkommnen des Werfens

Hinweise zur Technik und Methodik

Das Passen oder Zuspielen des Balls sowie der Torwurf selbst zählen zu den technischen Elementen des Handballspiels, deren Ausführung dem Übenden am meisten Freude bereiten und somit für die Sportart eine besondere Motivation bringen.
Folgende Wurfarten werden im Spiel am häufigsten angewendet:
- Schlagwurf mit Stemmschritt,
- Sprungwurf,
- Fallwurf.

Ergänzend zu den Erläuterungen des direkten Schlagwurfs als Paß (siehe Seite 145f) erfolgen hier Angaben zum Schlagwurf mit Stemmschritt als Torwurf, der vor allem bei Anfängern häufige Anwendung findet. Besondere Schwierigkeiten bei der Ausführung des Wurfs bereiten die Schrittfolge, der Wurfansatz und die Wurfgenauigkeit.

- Schrittfolge: Einsetzen des richtigen Stemmbeins: Linkshänder – rechts, Rechtshänder – links

Schematische Darstellung der Methodik zum Erlernen und Vervollkommnen des Schlagwurfs

1. Ausbildungsphase	2. Ausbildungsphase	3. Ausbildungsphase
Schlagwürfe aus dem Stand und aus der Bewegung	Schlagwürfe vor oder nach einer Bewegungsaufgabe (1 Zusatzaufgabe)	Schlagwürfe nach vorangestellter Bewegungsaufgabe mit anschließender Folgeaktion (2 Zusatzaufgaben)

Weitere Hinweise siehe methodische Darstellung des Fangens und Passens, Seite 147.

- Ausholbewegung: Der Ball wird mit beiden Händen bis in Schulterhöhe geführt, danach nur noch mit einer Hand.

Der Schlagwurf mit Stemmschritt

Programm der ersten Ausbildungsphase

Zielsetzung: Erlernen des Schlagwurfs unter besonderer Berücksichtigung der Schrittfolge

Organisationsrahmen: Die Halle wird durch 6 Stationen quergeteilt. Jede Station besteht aus einem kleinen Kasten und einer Matte.

Geräte: 6 Matten, 6 kleine Kästen, 3 Handbälle, 3 Vollbälle

Übungsbeschreibung

Die Teilnehmer bilden 6 gleich große Gruppen. Sie stellen sich an der Längsseite der Halle hinter den kleinen Kästen auf. Jeder Gruppe steht ein Anspieler gegenüber. 3 Gruppen werfen mit einem Handball (Abstand des Anspielers 5 Meter), die anderen mit einem schwereren Ball (Vollball, kleiner Medizinball) – (Abstand des Anspielers 3 Meter). Die Gruppen wechseln nach jeder Übung die Bälle. Jeder Teilnehmer übernimmt zeitweise die Funktion des Anspielers. Die Dauer der Belastung legt der Übungsleiter fest.

1. Gruppe:

Der Spieler steht mit dem Ball in der Hand auf dem kleinen Kasten. Aus dieser Position springt er auf die Matte. Er landet in der Schrittstellung, wobei die Füße nacheinander aufsetzen. Beim Rechtshänder setzt zuerst das rechte Bein auf, das linke Bein steht vorn (Linkshänder umgekehrt). Anschließend wirft er den Ball zum Anspieler. Dieser paßt den Ball zum nächsten Teilnehmer.

2. Gruppe:

Wie 1, nur steht der Spieler (Rechtshänder) mit dem linken Fuß auf dem Kasten, mit dem rechten auf dem Boden. Aus dieser Position springt er in die Schrittstellung auf die Matte.

3. Gruppe:

Wie 1 und 2, nur überspringen die Spieler den Kasten aus dem Anlauf. Folgendes ist beim Absprung zu beachten (Beispiel Linkshänder): Beim Absprung mit links wird der Kasten überhinkt, beim Absprung mit rechts normal übersprungen.

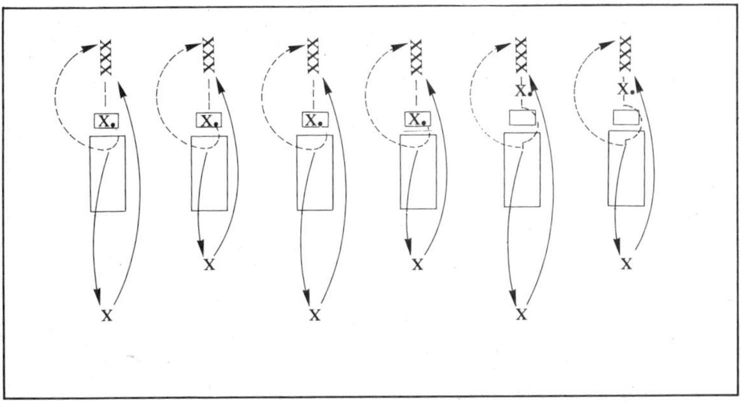

1. Gruppe: Ausgangsstellung – Stand auf dem Kasten

2. Gruppe: Ausgangsstellung – ein Fuß auf dem Kasten (Rechtshänder links)

3. Gruppe: Stand vor dem Kasten – Überspringen

3. Gruppe: Stand vor dem Kasten – Überhinken

Programm der zweiten Ausbildungsphase

Zielsetzung: Erlernen des Schlagwurfs mit Stemmschritt in Verbindung mit einer anschließenden Folgeaktion

Organisationsrahmen: Die Halle wird durch den Geräteaufbau dreifach längsgeteilt. In jeder Hallenhälfte befinden sich jeweils 3 Matten und 3 kleine Kästen. In der Hallenmitte stehen 2 bis 3 Bänke

Geräte: 6 kleine Kästen, 6 Matten, 2 bis 3 Bänke, 9 Medizinbälle, 6 Handbälle

Übungsbeschreibung

Die Übenden teilen sich zunächst in 6 gleich große Gruppen auf. Sie stellen sich hinter die kleinen Kästen und üben in 3 Staffeln. Der Abstand der Staffelgruppen voneinander richtet sich nach dem Wurfvermögen der Spieler. Die Schulung der Schrittfolge entspricht der Beschreibung aus der ersten Ausbildungsphase. Die Anzahl der Würfe pro Teilnehmer legt der Übungsleiter fest. Nacheinander erfüllt jede Staffel folgende Aufgaben:

1. Der Gruppenerste steht mit einem Ball in der Hand auf dem Kasten. Er springt auf die Matte, landet in der Schrittstellung und wirft den Ball zum gegenüberstehenden Partner. Anschließend läuft er bis zur Bank in der Hallenmitte, kehrt zu seiner Gruppe zurück und stellt sich hinten an.
2. Der Spieler (Rechtshänder) steht mit dem linken Fuß auf dem kleinen Kasten, mit dem rechten auf dem Boden. Aus dieser Position springt er auf die Matte und wirft den Ball zum gegenüberstehenden Partner. Anschließend läuft er bis zur Hallenmitte, überspringt die Bank und stellt sich bei der gegenüberstehenden Gruppe hinten an.
3. Der Spieler überspringt den kleinen Kasten aus dem Laufen und wirft den Ball. Anschließend läuft er bis zur gegenüberliegenden Hallenwand und dann wieder zurück zu seiner Gruppe.
4. Auf die Bänke in der Hallenmitte werden je 3 Medizinbälle gelegt. Die Spieler überspringen den kleinen Kasten aus dem Laufen und versuchen, die Medizinbälle zu treffen. Jede Staffel übt jetzt mit 2 Bällen.

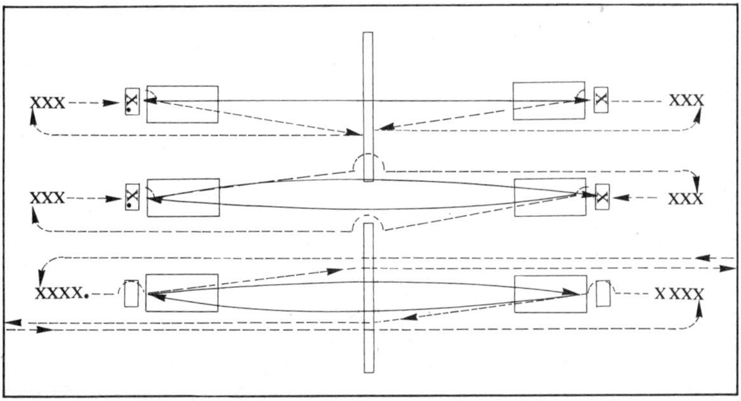

Übung 1: Sprung vom Kasten in die Schrittstellung, Paß, Berühren der Bank

Programm der dritten Ausbildungsphase

Zielsetzung: Erlernen des Schlagwurfs nach vorangestellter Bewegungsaufgabe mit Folgehandlung

Organisationsrahmen: Die Halle wird durch den Geräteaufbau vierfach längsgeteilt. In jedem Übungsraum befinden sich 2 kleine Kästen, 1 Matte, 1 Bank, Medizinbälle.

Geräte: 2 bis 4 Bänke, Medizinbälle, 4 Matten, 8 kleine Kästen, 12 Handbälle

Übungsbeschreibung

Die Teilnehmer bilden 4 gleich große Gruppen. Jede Gruppe besteht aus 3 Ballführern, die sich hinter den kleinen Kästen aufstellen, und aus 5 Teilnehmern, die hinter der Bank Aufstellung nehmen, um die zugespielten Bälle zu fangen. Die Dauer der Belastung wird vom Übungsleiter festgelegt.

Nacheinander absolvieren die Gruppen folgende Übungen:

1. Der Ballführer stellt sich auf den ersten kleinen Kasten. Von hier aus springt er, nach einem Bodenkontakt, vom nächsten kleinen Kasten ab und landet auf der Matte in der Schrittstellung. Er wirft seinen Ball dem an der Bank stehenden Partner zu (Entfernung je nach Wurfvermögen). Der Werfer folgt seinem Ball und stellt sich bei den Fängern an. Der Fänger dribbelt mit seinem Ball zu den Werfern.

2. Der Ballführer (Rechtshänder) steht mit dem linken Fuß auf dem ersten kleinen Kasten, mit dem rechten auf dem Boden, anschließende Schrittfolge wie 1.

3. Alle Teilnehmer stellen sich bei den Werfern an, Schrittfolge wie 2; anschließend erfolgt ein Zielwurf auf Medizinbälle, die auf den Bänken liegen. Jeder Werfer holt seinen Ball wieder und übergibt ihn an den nächsten. Hat ein Teilnehmer einen Medizinball heruntergeworfen, muß er diesen wieder auf die Bank legen. – Wer hat zuerst eine bestimmte Anzahl von Treffern erzielt?

Die Teilnehmer müssen achtgeben, daß sie nicht von Bällen getroffen werden. – Rücksichtnahme auf die Ballholer!

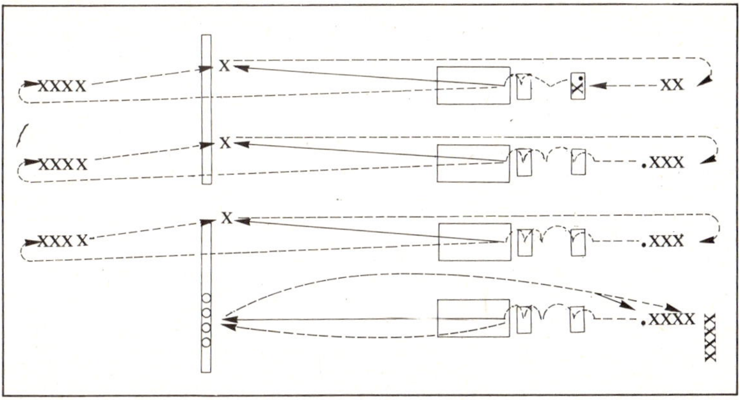

Übung 1: Absprung vom kleinen Kasten, 1 Bodenkontakt, Absprung vom nächsten Kasten, Landung und Paß

Der Sprungwurf

Die Hauptschwierigkeiten beim Erlernen des Sprungwurfs bestehen darin, mit dem richtigen Bein abzuspringen und in der Flugphase die Wurfarmschulter sowie den Wurfarm unter Beibehaltung einer sicheren Ballführung nach hinten zu führen.

- Absprungphase: Beim Linkshänder erfolgt der Absprung mit dem rechten Bein. Der Ball wird zunächst mit beiden Händen bis in Brusthöhe geführt.

- Flugphase: Während der letzten Phase der Streckung des Sprungbeins werden Wurfarmschulter und Wurfarm nach hinten geführt. Der Ball befindet sich jetzt in der Wurfhand.

Schematische Darstellung der Methodik zum Erlernen und Vervollkommnen des Sprungwurfs

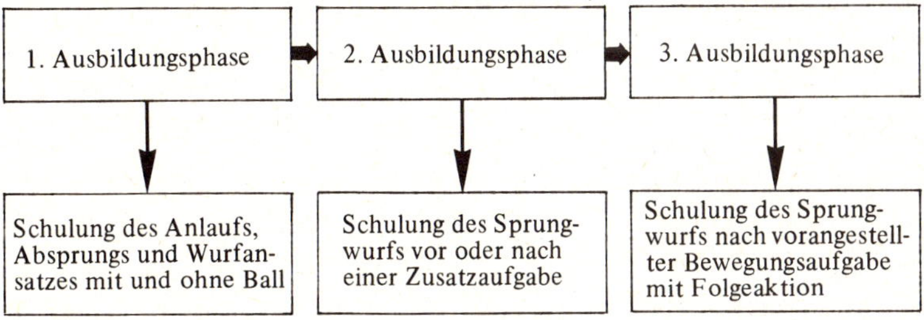

Weitere Hinweise siehe methodische Darstellung des Fangens und Passens, Seite 147.

Programme der ersten Ausbildungsphase

1. Programm

Zielsetzung: Schulung des Anlaufs (Zweierrhythmus), des Absprungs und des Wurfansatzes ohne Ball

Organisationsrahmen: Die Halle wird durch 4 Bänke in 3 Räume längsgeteilt.

Raum 1: 5 Matten, 1 Malstange

Raum 2: 2 kleine Kästen, 2 große Kästen, 1 Weichboden, 2 Malstangen

Raum 3: 2 kleine Kästen, evtl. 2 Sprungbretter, 1 Malstange

Geräte: 4 Bänke, 4 kleine Kästen, 5 Matten, 2 große Kästen, 1 Weichboden, 4 Malstangen; Ringe, Zauberschnur, Ballpendel o. ä.

Übungsbeschreibung

Die Teilnehmer bilden 3 Gruppen und absolvieren im Wechsel die für die Räume 1, 2 und 3 angegebenen Übungen. Die Anzahl der Wiederholungen bestimmt der Übungsleiter.

1. Gruppe:

Die Teilnehmer führen einen Ausdauerlauf über 5 Minuten durch. Nach jeder 2. Runde überspringen die Läufer die Matten im Zweierrhythmus (2 Bodenkontakte zwischen den Matten).

Schrittfolge für Rechtshänder: rechts-links

Schrittfolge für Linkshänder: links-rechts

2. Gruppe:

Die Teilnehmer dieser Gruppe überwinden während eines Hindernislaufs folgende Geräte im Zweierrhythmus: kleiner Kasten – kleiner Kasten – zweiteiliger, längsgestellter Kasten – vierteiliger, längsgestellter Kasten. Vom hohen Kasten erfolgt ein Niedersprung auf einen Weichboden. Anschließend laufen die Teilnehmer um zwei Malstangen herum zum nächsten Durchgang über die Hindernisbahn.

3. Gruppe:

Die Teilnehmer dieser Gruppe üben an 2 Stationen. Der Gruppenerste steht auf einem kleinen Kasten. Nach einem Bodenkontakt springt er kräftig ab, um mit der Wurfhand einen in Reichhöhe hängenden Gegenstand (Ballpendel, Ringe, Basketballbrett, Zauberschnur etc.) zu berühren. Schrittfolge für Rechtshänder: Bodenkontakt – rechts, Absprung vom Brett mit links, Landung auf dem Sprungbein (Linkshänder umgekehrt). Anschließend Lauf um eine Malstange herum und Anstellen bei der Gruppe.

Übungsdauer: 15 bis 20 Minuten

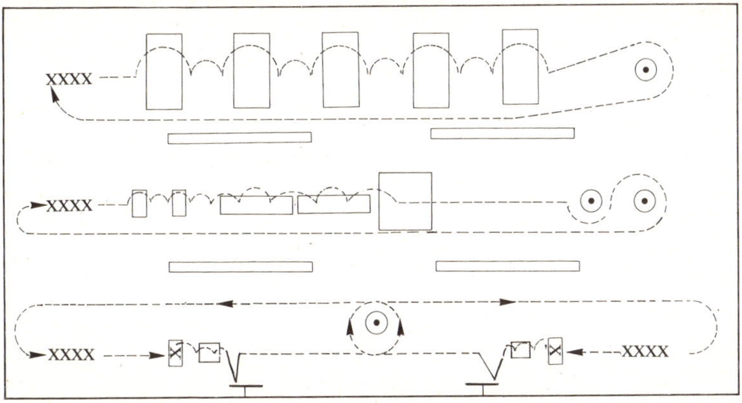

2. Gruppe: Zweierrhythmus über die Hindernisbahn

3. Gruppe: Sprung an das Basketballbrett in Reichhöhe mit der Wurfhand

2. Programm

Zielsetzung: Schulung des Anlaufs, des Absprungs und des Wurfansatzes beim Sprungwurf

Organisationsrahmen: Die Halle wird durch den Geräteaufbau vierfach längsgeteilt. Jede Übungsstation besteht aus einem kleinen Kasten und einem Sprungbrett. In der Hallenmitte wird eine Zauberschnur quergespannt. Die Spannhöhe der Schnur richtet sich nach der Aufgabenstellung und dem Leistungsvermögen der Teilnehmer.

Geräte: 4 kleine Kästen, 4 Sprungbretter, 16 Bälle, 1 Zauberschnur

Übungsbeschreibung

Die Teilnehmer üben in 4 gleich großen Gruppen, die jeweils aus 4 Werfern und 4 Fängern bestehen. Jede Gruppe absolviert folgende Übungen:

1. Der erste Werfer steht mit einem Ball auf einem kleinen Kasten. Nach einem Bodenkontakt springt er kräftig ab (evtl. mit Sprungbretthilfe) und paßt den Ball zum ersten gegenüberstehenden Fänger. Schrittfolge siehe 1. Programm, Seite 176. Der Werfer stellt sich bei den Fängern an. Der Fänger dribbelt mit dem Ball zu den Werfern und schließt sich dieser Gruppe an.
2. Wie 1, nur wird der Ball jetzt im Sprung über die Zauberschnur geworfen.
3. Wie 2, nur soll der Sprungpaß als Aufsetzerball zum Partner gespielt werden.

Übungsdauer: Die Dauer der Belastung legt der Übungsleiter fest. Sie wird bestimmt vom Ausbildungsstand der Teilnehmer und ihrem Motivationsgrad.

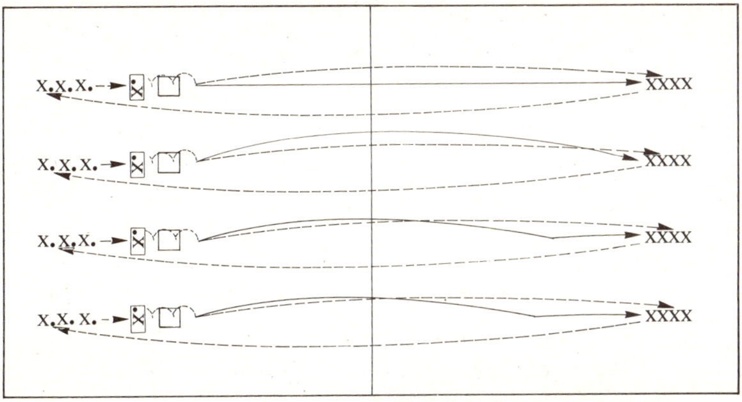

Übung 2: Wurfansatz nach Absprung vom Brett bei Wurf über Zauberschnur

Übung 3: Sprungpaß als Aufsetzerball

Programm der zweiten Ausbildungsphase

Zielsetzung: Schulung des Sprungwurfs nach vorhergehender Bewegungsaufgabe mit verringerten Bewegungshilfen

Organisationsrahmen: Die Halle wird durch den Geräteaufbau vierfach längsgeteilt. Zu jeder Station gehören in der einen Hallenhälfte ein Sprungbrett oder Kastenoberteil, in der anderen Hallenhälfte stehen 2 kleine Kästen. In der Hallenmitte wird eine Zauberschnur quergespannt. Die Spannhöhe richtet sich nach dem Leistungsvermögen der Teilnehmer.

Geräte: 4 Sprungbretter, 2 kleine Kästen, 1 Zauberschnur, Handbälle

Übungsbeschreibung

Die Teilnehmer bilden 4 gleich große Gruppen. Sie absolvieren nacheinander die unter 1, 2 und 3 genannten Aufgaben. Die Anzahl der Wiederholungen wird vom Übungsleiter festgelegt.

1. Die Gruppen bestehen aus Werfern, Fängern und Zuspielern. Die Zuspieler (2 bis 3 pro Gruppe) stehen in unmittelbarer Nähe der Absprunghilfe (Sprungbrett, Kastenoberteil). Sie passen den anlaufenden Werfern den Ball so zu, daß diese den Sprungwurf nach der Ballannahme ohne zu tippen ausführen können. Die Werfer passen den Ball im Sprung zu den gegenüberstehenden Fängern. Die Werfer werden nach dem Sprungpaß zu Fängern, die Fänger stellen sich bei den Zuspielern an, die Zuspieler begeben sich zu den Werfern.
2. Die Gruppen teilen sich in Fänger und Werfer. Die Ballführer dribbeln mit dem Ball bis zur Absprunghilfe und passen den Ball im Sprung zu den gegenüberstehenden Fängern, die auf einem kleinen Kasten stehen. Anschließend werden die Werfer zu Fängern, die Fänger zu Werfern.
3. Alle Teilnehmer stellen sich bei den Werfern an. Der Ballführer dribbelt mit dem Ball zur Absprunghilfe und versucht, mit einem Zielwurf aus dem Sprung einen Medizinball zu treffen, der in 6 bis 10 Meter Entfernung auf einem kleinen Kasten liegt. Jeder Werfer holt seinen geworfenen Ball wieder und übergibt ihn an den nächsten. Die heruntergeworfenen Medizinbälle müssen sofort wieder auf die kleinen Kästen gelegt werden.

– Wettkampfmöglichkeiten: Welche Gruppe hat zuerst 10 Treffer erzielt? Welcher Teilnehmer hat zuerst 4 Treffer erzielt?

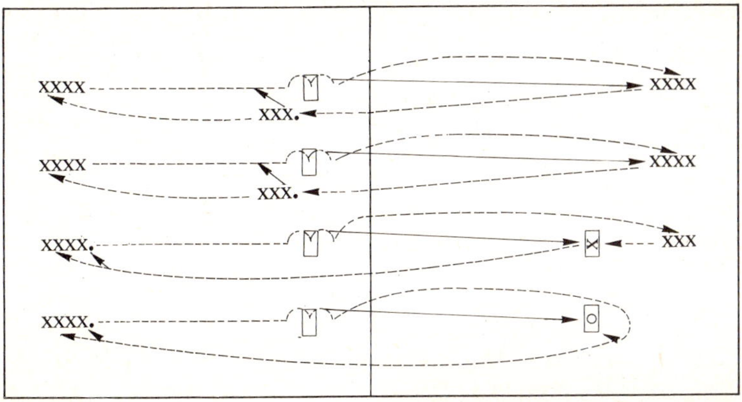

Übung 3: Dribbeln, Absprung, Zielwurf

Programm der dritten Ausbildungsphase

Zielsetzung: Schulung des Sprungwurfs nach vorangehender Bewegungsaufgabe mit Ball und anschließender Folgehandlung ohne Ball

Organisationsrahmen: Der Organisationsrahmen wird durch 4 Stationen und durch eine Zauberschnur gebildet, die die Halle in 2 Hälften querteilt.

Station 1: 2 Matten, 2 kleine Kästen, 1 großer Kasten
Station 2: Malstangen, 2 kleine Kästen, 1 Bock
Station 3: 2 kleine Kästen, 2 Hürden, 2 Matten
Station 4: 2 kleine Kästen, 2 Matten

Geräte: 8 kleine Kästen, 6 Matten, 1 großer Kasten, 1 Bock, 2 Hürden, Malstangen, Bälle

Übungsbeschreibung

Die Teilnehmer bilden 4 Gruppen und üben im Wechsel an den 4 Stationen. Die Belastung wird vom Übungsleiter festgelegt.

1. Gruppe:

Der Ballführer macht auf einer Matte eine Rolle vorwärts mit dem Ball in beiden Händen. Anschließende Schrittfolge für Rechtshänder (Linkshänder umgekehrt): rechts – dann mit links von dem kleinen Kasten kräftig abspringen – Wurf während des Sprungs auf ein Tor oder auf einen aufgestellten Weichboden an der gegenüberliegenden Stirnseite der Halle. Danach überwindet der Werfer einen quergestellten Kasten, holt sich einen neuen Ball aus dem Tor auf seiner Seite und stellt sich bei der Gruppe wieder an.

2. Gruppe:

Übungsablauf wie 1; Slalomdribbeln – Sprungwurf vom kleinen Kasten – Zielwurf – Grätsche über einen Bock – Anstellen mit einem neuen Ball bei der eigenen Gruppe.

3. Gruppe:

Ablauf wie 1; der Ballführer springt mit einer ganzen Drehung um die Längsachse von einem kleinen Kasten – Sprungwurf (ohne Absprunghilfe) – Zielwurf, danach Unterkriechen einer Hürde, Überspringen der nächsten Hürde und Anstellen mit einem neuen Ball bei der Gruppe.

4. Gruppe:

Ablauf wie 1; dribbeln bis zum kleinen Kasten – Sprungwurf – Zielwurf, danach Rolle vorwärts – Strecksprung mit halber Drehung – Rolle rückwärts, Anstellen mit einem neuen Ball bei der Gruppe.

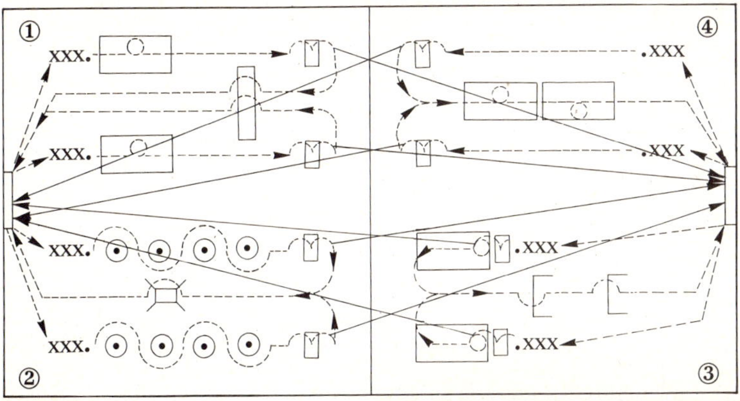

1. Gruppe: Übungsbetrieb an der Station

3. Gruppe: Übungsbetrieb an der Station

Der Fallwurf

Beim Erlernen von Fallwürfen beginnt man mit Würfen aus dem Knie- und Grätschstand. Die Schulung sollte erst dann einsetzen, wenn beim Werfer durch entsprechende Vorübungen keine Angst mehr vor dem Fallen besteht.

Auf folgende technische Merkmale ist zu achten:

- tiefes Vorbeugen der Knie – Blick in Zielrichtung;

- kräftige Streckung des Körpers im Fallen. Schlagartige Bewegung von Wurfarmschulter und Wurfarm nach vorn.

Schematische Darstellung der Methodik zum Erlernen und Vervollkommnen des Fallwurfs

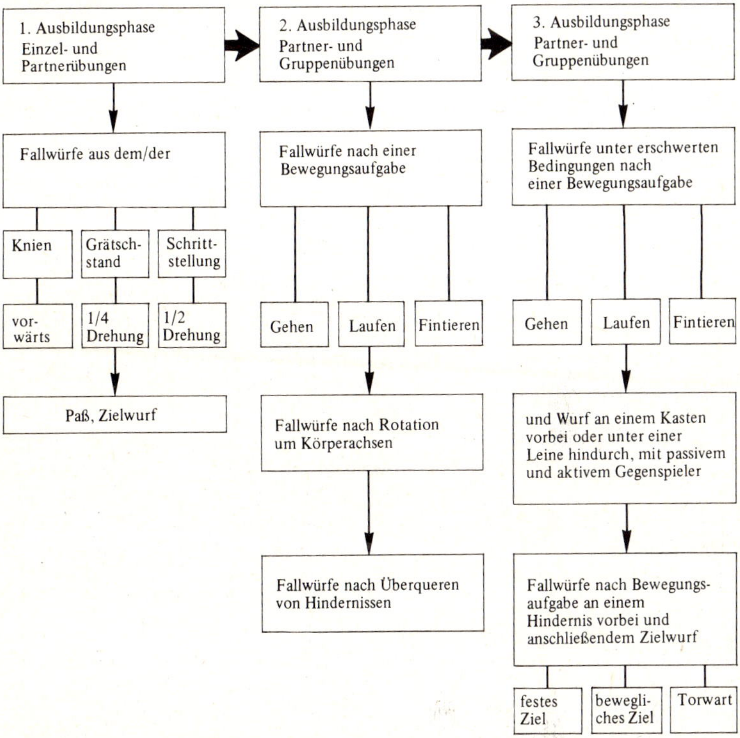

Weitere Hinweise siehe methodische Darstellung des Fangens und Passens, Seite 147.

Programm der ersten Ausbildungsphase

Zielsetzung: Einführung in den Bewegungsablauf von Fallwürfen
Organisationsrahmen: Querteilung der Halle durch Mattenpaare, die sich genau gegenüberliegen. Der Abstand der Matten richtet sich nach dem Wurfvermögen der Teilnehmer.
Geräte: 10 Matten, 5 Bälle
Übungsbeschreibung
Die Teilnehmer bilden 10 Gruppen à 3 Personen. Die Dreiergruppen stellen sich hinter den Matten auf. Sie führen nacheinander die unter 1 bis 4 genannten Aufgaben durch. Die Belastung wird vom Übungsleiter festgelegt.
1. Der Ballführer kniet auf der Matte. Im Fallen wirft er den Ball zum gegenüberstehenden Partner. Der Werfer fängt sich mit den Händen und mit dem Rumpf ab. Anschließend stellt er sich bei seiner Gruppe wieder an.
2. Der Ballführer steht in der Grätschstellung. Er geht in die tiefe Kniebeuge und wirft den Ball im Fallen zum Partner. Weiterer Ablauf wie 1.
3. Wie 1 und 2, nur steht der Ballführer am Beginn in der Schrittstellung.
4. Wie 1, nur steht der Ballführer mit dem Rücken zur Wurfrichtung. Er geht in die tiefe Kniebeuge, macht eine halbe Drehung (nach links und rechts im Wechsel) und wirft den Ball im Fallen zum Partner.

Übung 1: Wurf im Fallen aus dem Kniestand

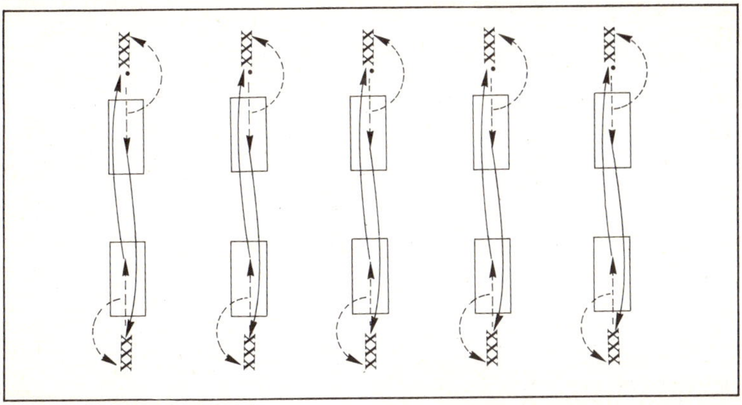

Übung 1: Abfangen beim Fallwurf

Übung 4: Rücken zur Wurfrichtung – Drehung – Fallwurf

Programm der zweiten Ausbildungsphase

Zielsetzung: Schulung des Fallwurfs nach vorhergehender Bewegungsaufgabe

Organisationsrahmen: Die Halle wird durch den Geräteaufbau von 4 Stationen längsgeteilt.
Station 1: 4 Matten, 1 Ball
Station 2: 4 Matten, 2 kleine Kästen, 1 Ball
Station 3: 4 Matten, 2 kleine Kästen, 1 Ball
Station 4: 4 Matten, 2 kleine Kästen, 1 Ball

Geräte: 16 Matten, 6 kleine Kästen, 4 Handbälle

Übungsbeschreibung

Die Teilnehmer bilden 8 Gruppen, die sich so hinter den Geräten aufstellen, daß in Staffelform geübt werden kann. Der Abstand der Staffelgruppen richtet sich nach dem Leistungsvermögen der Teilnehmer. Sie absolvieren im Wechsel die für die Stationen 1 bis 4 genannten Übungen. Die Dauer der Belastung bestimmt der Übungsleiter.

1. Der Ballführer macht eine Rolle vorwärts mit dem Ball. Er versucht, ohne Einsatz der Hände aufzustehen. Anschließend paßt er den Ball im Fallen zum Partner. Der Werfer stellt sich bei seiner Gruppe wieder an.
2. Der Ballführer springt über einen kleinen Kasten. Er landet in der Grätsch- oder Schrittstellung und wirft den Ball im Fallen zum Partner. Anschließend stellt er sich bei der eigenen Gruppe wieder an.
3. Der Ballführer steht auf einem kleinen Kasten mit dem Rücken zur Wurfrichtung. Er springt rückwärts vom Kasten in die Grätschstellung, geht in die tiefe Kniebeuge, vollzieht eine halbe Drehung und paßt den Ball im Fallen zum Partner usw.
4. Der Ballführer springt mit einer ganzen Drehung um die Längsachse vom kleinen Kasten. Anschließender Übungsverlauf wie 1 bis 3.

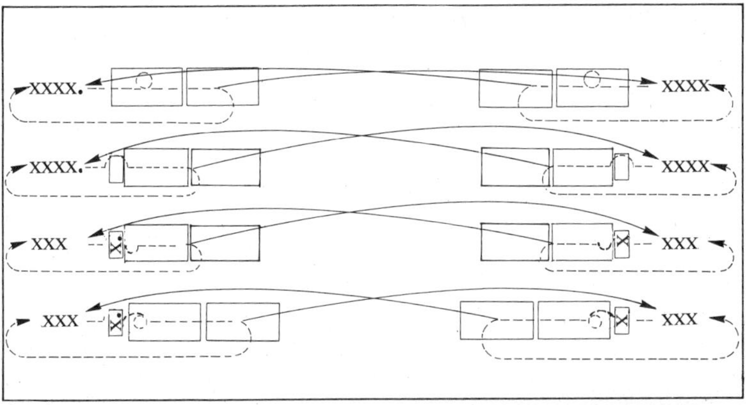

Übung 1: Rolle vorwärts mit Ball – Fallwurf

Übung 3: Rückwärtssprung vom kleinen Kasten – Drehung – Fallwurf

Programm der dritten Ausbildungsphase

Zielsetzung: Schulung des Fallwurfs nach vorhergehender Bewegungsaufgabe mit anschließender Folgehandlung

Organisationsrahmen: Die Halle wird durch den Geräteaufbau von 4 Stationen längsgeteilt. Jede Station besteht aus 2 kleinen Kästen, 2 Matten, 1 großen Kasten. Der Abstand der Matten richtet sich nach dem Wurfvermögen der Teilnehmer.

Geräte: 8 Matten, 8 kleine Kästen, 4 große Kästen, 4 Bälle

Übungsbeschreibung

Die Teilnehmer bilden 8 Gruppen, die sich so hinter den Geräten aufstellen, daß in Staffelform geübt werden kann. Sie absolvieren nacheinander die genannten Übungen. Die Dauer der Belastung bestimmt der Übungsleiter.

1. Der Ballführer fintiert vor einem kleinen Kasten mit einem Ausfallschritt nach links. Schrittfolge danach: Rechtshänder rechts-links (Linkshänder umgekehrt). Aus der Schrittstellung Fallwurf zum gegenüberstehenden Partner. Nach dem Paß sprintet der Werfer bis zum großen Kasten in der Hallenmitte, kehrt zu seiner Gruppe zurück und stellt sich hinten an.

2. Wie 1, nur erfolgt der Ausfallschritt nach rechts. Schrittfolge danach: Rechtshänder rechts-links (Linkshänder umgekehrt).

3. Der Ballführer steht vor dem kleinen Kasten mit dem Rücken zur Wurfrichtung. Fintieren durch einen Ausfallschritt nach links hinten. Anschließende Schrittfolge um den kleinen Kasten herum: Rechtshänder – rechts-links (Linkshänder umgekehrt). Fallwurf zum Partner gegenüber. Nach dem Wurf Überwinden des Kastens in der Mitte der Halle und bei der Gruppe gegenüber anstellen.

4. Wie 3, nur fintieren nach rechts hinten. Schrittfolge nach der Finte wie Übung 2.

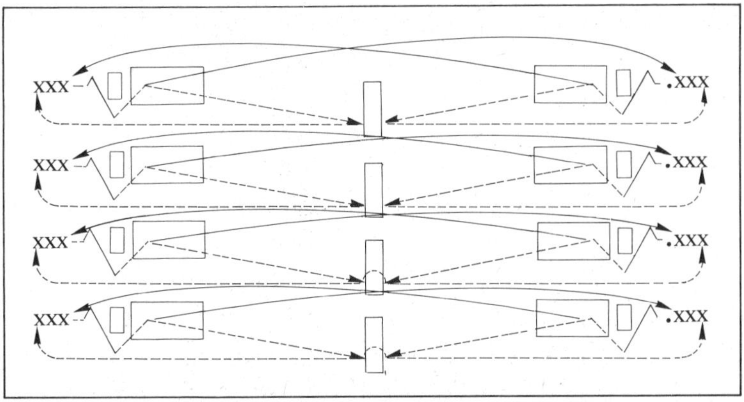

Übung 3: Nach Fintieren Paß im Fallen, Überwinden eines Kastens

Erlernen und Vervollkommnen des Tippens und Prellens im Stand und in der Bewegung (Dribbeln)

Hinweise zur Technik und Methodik

Will ein Handballspieler den Ball länger als 3 Sekunden oder mehr als 3 Schritte führen, kann er ihn im Stand auf den Boden tippen oder in der Bewegung prellen (dribbeln). Die Regel erlaubt diese Ballführung, solange der Ball nicht mit einer oder beiden Händen festgehalten wird. Ist dies der Fall, muß nach 3 Schritten bzw. 3 Sekunden ein Abspiel oder ein Torwurf erfolgen. Die wichtigste Arbeit bei der Ballführung leisten die Unterarme sowie die Hände, die sich der Rundung des Balls anpassen müssen.
Folgende Fehler werden vom Anfänger häufig gemacht:
- der Ball wird mit der flachen Hand geschlagen,
- der Ball wird zu hoch geprellt,
- der Ballführer blickt nur auf den Ball.

Handhaltung: Hand paßt sich der Ballrundung an. Nicht den Ball schlagen

Schematische Darstellung der Methodik zum Erlernen und Vervollkommnen des Dribbelns (Tippen, Prellen)

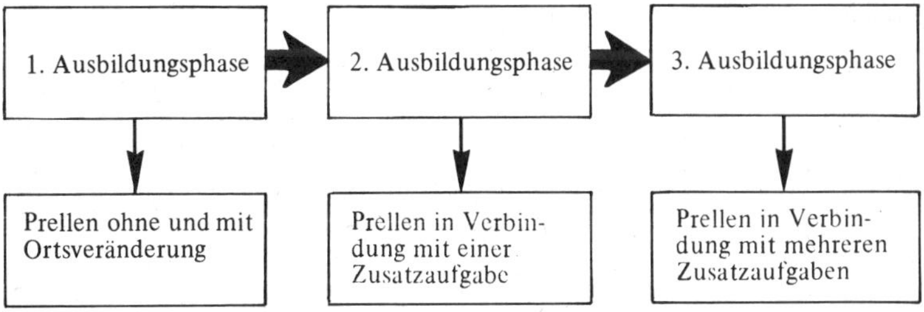

Weitere Hinweise siehe methodische Darstellung des Fangens und Passens, Seite 147.

Prellhöhe: Nicht so hoch prellen (circa Hüfthöhe)

Blickrichtung: Versuchen, beim Prellen den Blick vom Ball zu lösen

Programme der ersten Ausbildungsphase

1. Programm

Zielsetzung: Erlernen des Prellens ohne Ortsveränderung

Organisationsrahmen: Für das Erlernen dieser Übungsformen benötigt man keine besondere Raumaufteilung. Die Teilnehmer formieren sich so, daß sie ungestört üben können. Außerdem müssen sie von ihrer Position aus den Übungsleiter sehen können.

Geräte: pro Teilnehmer 1 Ball, falls nicht genügend Bälle vorhanden, paarweise im Wechsel üben

Übungsbeschreibung

Übungsformen des Prellens ohne Ortsveränderung sind immer nur Teil einer Übungsstunde. Aus diesem Grund sollen die hier zusammengestellten Übungen kein abgeschlossenes Programm darstellen, sondern Auswahlmöglichkeiten bzw. Anregungen bieten, die der Übungsleiter beliebig auswählen bzw. ergänzen kann.

- Übungsformen zum Prellen im Stand:
  mit beiden Händen,
  mit einer Hand vor, neben und hinter dem Körper,
  mit einer Hand vor, neben und hinter dem Körper im Hüpfen,
  rhythmisches Prellen mit einer, mit beiden Händen,
  um den Körper herum,
  durch die hochgespreizten Beine,
  in Bodennähe prellen, immer höher prellen,
  zum Partner über Zauberschnur oder Langbank,
  in Kreis- und Reihenaufstellung,
  Oberkörper unter dem springenden Ball durchführen,
  mit einer, mit beiden Händen gegen die Wand.
- Übungsformen zum Prellen im Sitz:
  mit beiden Händen, mit einer Hand (links, rechts),
  von der linken Seite zur rechten und zurück,
  ein Bein bzw. beide Beine unter dem hochspringenden Ball durchführen,
  zum Partner.
- Übungsformen zum Prellen in der Bauchlage, im Liegestütz:
  mit einer Hand,
  links und rechts im Wechsel.
- Besondere Übungsformen zum Prellen ohne Ortsveränderung:
  stehen – knien – wieder aufstehen,
  stehen – hinsetzen – wieder aufstehen,
  stehen – hinlegen (Bauch-, Rückenlage) – wieder aufstehen.

Beliebige Raumaufteilung

Prellen im Liegestütz

Prellen in Kreisaufstellung mit mehreren Bällen

2. Programm

Zielsetzung: Schulung des Prellens in der langsamen und in der schnellen Bewegung

Organisationsrahmen: Die Halle wird durch 4 bis 6 Bänke in drei Räume quergeteilt. In jedem Raum werden 4 Malstangen aufgestellt.

Geräte: 4 bis 6 Bänke, 12 Malstangen, Bälle

Übungsbeschreibung

Die Teilnehmer bilden 3 gleich große Gruppen und absolvieren in ihren Räumen nacheinander die unter 1 bis 3 angegebenen Übungen. Die Dauer der Belastung wird vom Übungsleiter festgelegt. In den 3 Räumen werden je 2 Staffeln gebildet.

1. Der erste jeder Staffelgruppe steht an einer Malstange. Folgende Übungen sind zu absolvieren:
 Prellen im Gehen (links, rechts),
 Prellen im Laufen (links, rechts),
 Prellen im Wechselschritt seitwärts,
 Prellen im Rückwärtsgehen,
 Prellen im Entengang.

2. Die Hälfte einer jeden Gruppe prellt einen Ball in ihrem Raum in der langsamen Bewegung beliebig hin und her. Die nicht beschäftigten Teilnehmer sitzen auf den Bänken. Auf zwei unterschiedliche Signale des Übungsleiters müssen die Ballführenden zwei Aufgaben erfüllen.
Ein Pfiff: Jeder muß stehenbleiben, sich während des Prellens hinsetzen, wieder aufstehen und danach weiterlaufen.
Zwei Pfiffe: Jeder muß eine schnelle Runde um die Malstangen dribbeln und anschließend den Ball an ein sitzendes Gruppenmitglied abgeben.

3. Dribbelwettkampf: Die Teilnehmer aus jeder Gruppe verteilen sich gleichmäßig auf die Bänke. Jede Bankgruppe erhält einen Ball.
a) Jedes Mitglied dribbelt eine Runde und übergibt den Ball an den nächsten – 4mal.
b) Jedes Mitglied dribbelt 2 Runden und übergibt den Ball an den nächsten – 3mal.

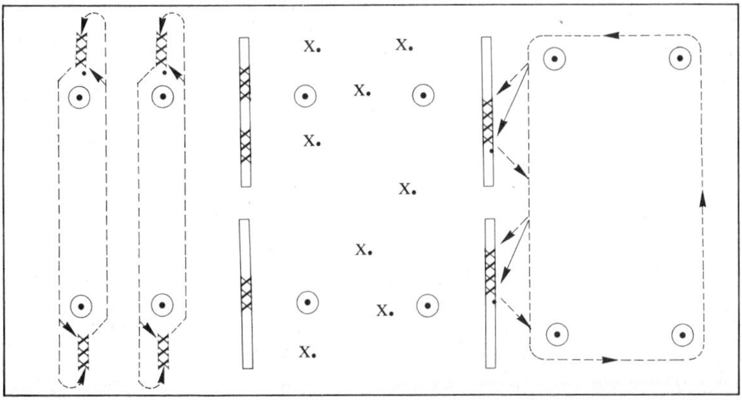

Übung 2: Übungsbetrieb der Gruppe – auf Pfiff hinsetzen.

Übung 2: Übungsbetrieb – Ballübergabe – Rundenprellen

3. Programm

Zielsetzung: Schulung des Prellens in der Bewegung, teilweise unter erschwerten Bedingungen

Organisationsrahmen: Eine Zauberschnur teilt die Halle in 2 Hälften quer. In jeder Hälfte werden 3 Stationen aufgebaut, bestehend aus einer Bank, einem kleinen Kasten und einer Malstange.

Geräte: 1 Zauberschnur, 6 Bänke, 6 kleine Kästen, 6 Malstangen, 6 Bälle

Übungsbeschreibung

Die Teilnehmer bilden 6 Gruppen und stellen sich jeweils hinter den Bänken auf. Jede Gruppe erhält einen Ball und absolviert nacheinander die angegebenen Übungen.

1. Slalomdribbeln um die Geräte, Berühren der Zauberschnur, Dribbling zurück zur Gruppe und Ballübergabe (Prellen rechts, links).
2. Prellen des Balls auf der Sitzfläche der Bank und auf dem kleinen Kasten – Umdribbeln der Malstange, Dribbling zurück zur Gruppe und Ballübergabe.
3. Während des Dribblings auf der Bank laufen, Überlaufen des kleinen Kastens, Umdribbeln der Malstange und zurück zur Gruppe dribbeln – Ballübergabe.
4. Dribbelwettkampf: Slalomdribbeln um die Geräte herum. Jeder Teilnehmer prellt 2 Runden. Bei der Ballübergabe wird der Ball auf das Ende der Bank gelegt. Jeder Teilnehmer absolviert 3 Durchgänge.

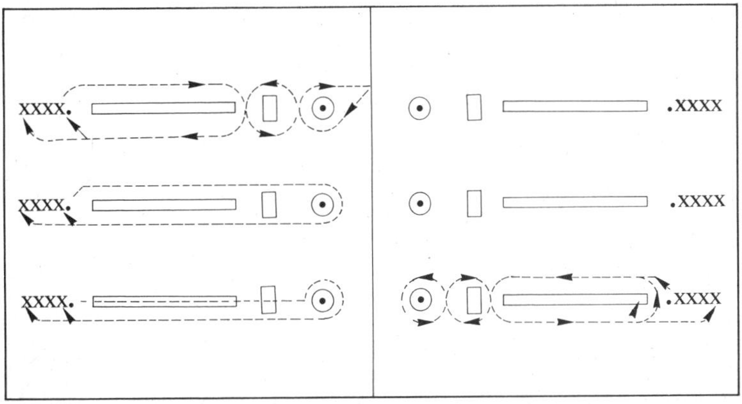

Übung 2: Prellen auf der Sitzfläche der Bank

Übung 3: Prellen während des Laufens auf der Bank

Übung 2: Prellen auf dem kleinen Kasten

Übung 3: Prellen beim Überlaufen des kleinen Kastens

Programme der zweiten Ausbildungsphase

1. Programm

Zielsetzung: Schulung des Prellens in Verbindung mit einer Zusatzaufgabe (Fangen und Passen)

Organisationsrahmen: Querteilung der Halle durch 4 bis 6 Stationen. Zu jeder Station gehört eine Matte und ein kleiner Kasten.

Geräte: 4 bis 6 Matten, 4 bis 6 kleine Kästen, 8 bis 12 Bälle

Übungsbeschreibung

Die Teilnehmer bilden 4 bis 6 Gruppen und stellen sich hinter den kleinen Kästen auf. Jede Gruppe erhält einen Ball. Nacheinander absolvieren die Gruppen die folgenden Übungen:

1. Der Ballführer prellt bis zur gegenüberliegenden Hallenseite. Dort paßt er den Ball 3mal aus kurzer Entfernung gegen die Wand. Anschließend dribbelt er zur Gruppe zurück. Die Ballübergabe erfolgt durch Ablegen des Balls auf dem kleinen Kasten. Die Anzahl der Wiederholungen wird vom Übungsleiter festgelegt.
2. Der Ballführer dribbelt mit dem Ball zur gegenüberliegenden Wand, danach macht er auf der Matte eine Rolle und paßt den Ball zum nächsten Spieler. Anschließend stellt er sich bei seiner Gruppe hinten an. Belastung wie 1.
3. Der Ballführer dribbelt bis zur gegenüberliegenden Wand. Mit Betreten der Matte paßt er den Ball mit einem Fallwurf zum nächsten Gruppenmitglied. Danach stellt er sich bei seiner Gruppe hinten an. Belastung wie 1.
4. Dribbelwettkampf. Jede Gruppe erhält 2 Bälle. Der Gruppenerste dribbelt mit dem ersten Ball bis zur Matte und legt ihn dort ab. Anschließend holt er den nächsten Ball und dribbelt bis zur Matte. Von dort paßt er beide Bälle zum nächsten Gruppenmitglied und stellt sich danach bei seiner Gruppe hinten an: 4mal pro Teilnehmer.

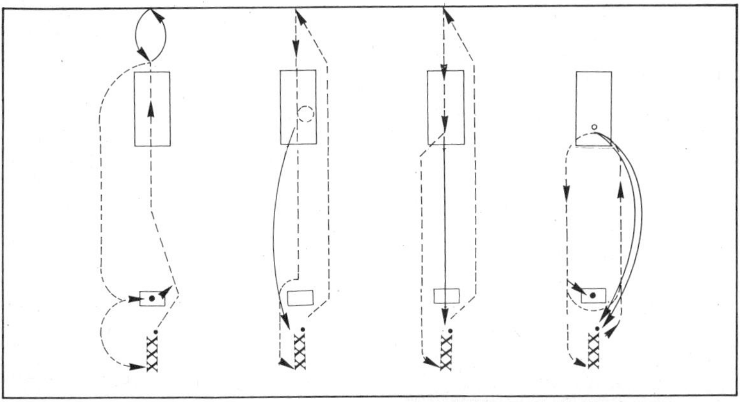

Übung 1: Prellen bis zur Wand – Paß – Fangen

Übung 4: Dribbelwettkampf

2. Programm

Zielsetzung: Schulung des Prellens in Verbindung mit einer Zusatzaufgabe

Organisationsrahmen: Die Halle wird durch 4 Stationen längsgeteilt. Jede Station besteht aus 2 Malstangen, 2 Hürden und einer Bank.

Geräte: 2 bis 4 Bänke, 8 Hürden, 8 Malstangen, 8 Bälle

Übungsbeschreibung

Die Teilnehmer bilden 8 Gruppen, die jeweils an den Malstangen Aufstellung nehmen. Jede Gruppe erhält einen Ball und absolviert nacheinander die genannten Übungen. Die Dauer der Belastung wird vom Übungsleiter festgelegt.

1. Der Ballführer dribbelt bis zur Hürde, überspringt sie mit dem Ball in der Hand und dribbelt anschließend weiter bis zur Bank in der Hallenmitte und zurück zur Gruppe.
2. Der Ballführer dribbelt bis zur Hürde. Er kriecht unter dem Hindernis durch, ohne das Prellen zu unterbrechen. Der weitere Übungsablauf wie bei 1.
3. Dribbelwettkampf. Der Ballführer dribbelt bis zur Hallenmitte, berührt dort die Bank und paßt den Ball dann zum nächsten Gruppenmitglied. Auf dem Weg zurück zur Gruppe überspringt er die Hürde und stellt sich hinten an.
4. Dribbelwettkampf wie 3, nur kriecht der Übende auf dem Rückweg zur Gruppe unter dem Hindernis durch.

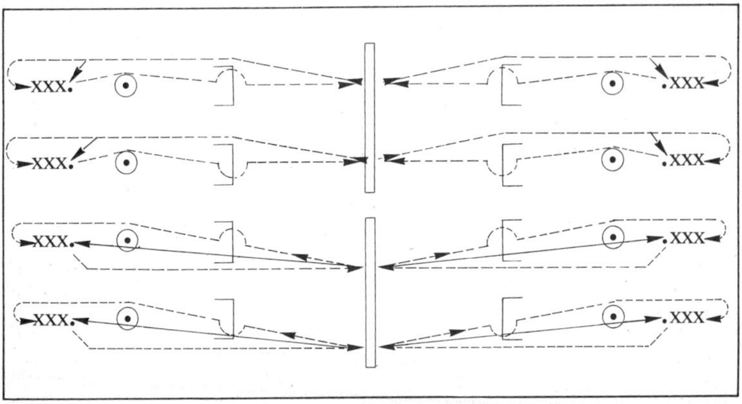

Übung 1: Dribbeln bis zur Hürde, Sprung mit Ball in der Hand, Dribbeln bis zur Bank und zurück zur Gruppe

Übung 2: Prellen des Balls während des Unterkriechens einer Hürde

3. Programm

Zielsetzung: Schulung des Slalomdribbelns ohne und mit Zusatzaufgaben

Organisationsrahmen: Eine Zauberschnur teilt die Halle in zwei Hälften. In beiden Räumen werden jeweils 4 Stationen eingerichtet, die aus einem kleinen Kasten und 5 Malstangen bestehen.

Geräte: 8 kleine Kästen, 40 Malstangen oder Slalommarkierungen, 1 Zauberschnur

Übungsbeschreibung

Die Teilnehmer bilden 8 Gruppen und nehmen hinter den kleinen Kästen Aufstellung. Jede Gruppe erhält einen Ball. Folgende Aufgaben sind nacheinander durchzuführen:

1. Der Ballführer dribbelt im Slalom um die Malstangen bis zur Hallenmitte und wieder zur Gruppe zurück. Der Ball wird zur Übergabe auf den kleinen Kasten gelegt. Die Anzahl der Wiederholungen wird vom Übungsleiter festgelegt (Dribbling mit der rechten und linken Hand).
2. Slalomdribbeln bis zur Zauberschnur, unter der Schnur hindurchkriechen, ohne das Dribbeln zu unterbrechen – Überspringen der Schnur mit Ball und Slalomdribbling zurück zur Gruppe – Ballübergabe wie bei 1.
3. Dribbelwettkampf. Slalomdribbeln bis zur Zauberschnur – Überspringen der Schnur mit Ball-Dribbeln bis zur gegenüberliegenden Hallenwand – Berühren der Wand mit einer Hand – Dribbling zurück zur Hallenmitte – Überspringen der Schnur mit Ball – Slalomdribbling zurück zur Gruppe – Ballübergabe wie bei 1 – 4- bis 5mal pro Teilnehmer.

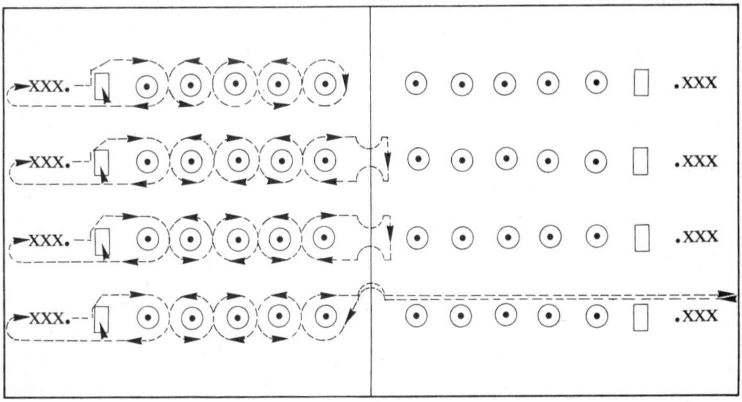

Übung 1: Slalomdribbling um Malstangen

Programme der dritten Ausbildungsphase

1. Programm

Zielsetzung: Schulung des Prellens in Verbindung mit mehreren Zusatzaufgaben

Organisationsrahmen: 4 Stationen teilen die Halle in Längsrichtung; in der Hallenmitte ist quer eine Zauberschnur in 60 cm Höhe gespannt.
Station 1: 2 kleine Kästen, 2 Malstangen, 1 Ball
Station 2: 2 Bänke, 2 Malstangen, 1 Ball
Station 3: 2 Matten, 2 Malstangen, 1 Ball
Station 4: Slalomstangen, 1 Pferd, 1 Ball

Geräte: Malstangen, 2 kleine Kästen, 2 Bänke, 2 Matten, 1 Pferd, 4 Bälle

Übungsbeschreibung

Die Teilnehmer bilden 8 Gruppen. Jeweils 2 Gruppen üben in Staffelform zusammen. Jede Gruppe stellt sich hinter einer Malstange auf. Die Staffeln üben im Wechsel an den Stationen 1 bis 4. Die Anzahl der Übungswiederholungen legt der Übungsleiter fest.

1. Gruppe:

a) Dribbeln bis zum kleinen Kasten, auf dem Kasten prellen, dabei einmal um das Gerät herumlaufen, Dribbling bis zur Schnur, die Schnur mit Ball überspringen, bis zur gegenüberstehenden Gruppe dribbeln – Ballübergabe.

b) Wie a, nur auf dem kleinen Kasten stehen, dabei den Ball einmal um das Gerät herumprellen.

2. Gruppe:

a) Dribbling bis zur Bank, seitliches Überhüpfen der Bank mit Ball (5 Sprünge) – Dribbling bis zur Schnur, Unterkriechen – Dribbling bis zur Gruppe – Ballübergabe.

b) Wie a, nur prellt der Ballführer den Ball auf der Sitzfläche der Bank und umrundet die Bank einmal.

3. Gruppe:

Wie 2. Gruppe, Übung a, nur an Stelle der Übung an der Bank absolviert der Übende eine Rolle vorwärts mit Ball auf der Matte.

b) Wie a, nur umdribbelt der Ballführer die Matte. Während dieser Aktion berührt er mit einer Hand ständig die Mattenoberfläche.

4. Gruppe:

a) Slalomdribbeln – Überspringen der Schnur mit Ball – unter einem Pferd durchkriechen, ohne das Prellen zu unterbrechen – Ballübergabe.

b) Einmal um das Pferd herumdribbeln – Unterkriechen der Schnur, dabei weiterprellen – Slalomdribbeln – Ballübergabe.

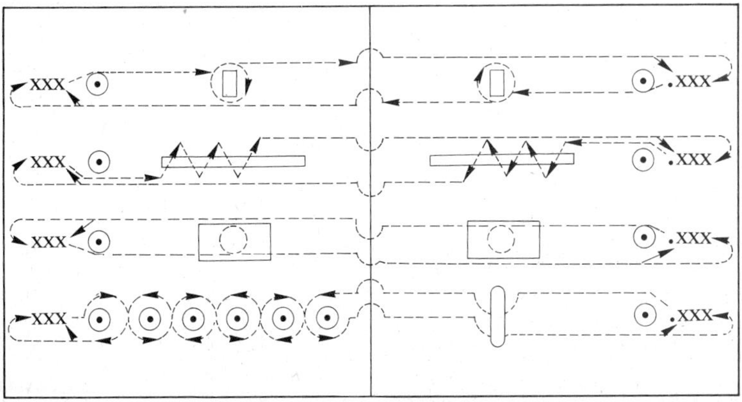

1. Gruppe, Übung b: Stehen auf dem kleinen Kasten, einmal herumdribbeln

3. Gruppe, Übung b: Umdribbeln einer Matte, Hand auf der Matte

4. Gruppe, Übung a: Unterkriechen eines Pferdes – Weiterprellen

2. Programm

Zielsetzung: Schulung des Prellens in Verbindung mit mehreren Zusatzaufgaben, die auf verabredete Zeichen durchgeführt werden müssen

Organisationsrahmen: Die Halle wird durch Bänke in 3 Räume quergeteilt. In jedem Raum befinden sich 2 Matten.

Geräte: 4 bis 6 Bänke, 6 Matten, Bälle

Übungsbeschreibung

Die Teilnehmer bilden 3 Gruppen. Die Hälfte der Mitglieder jeder Gruppe übt in ihrem Raum, die nicht aktiven Teilnehmer sitzen auf den Bänken. Folgende Übungen sind auszuführen:

1. Die Teilnehmer laufen in ihrem Raum beliebig durcheinander und prellen einen Ball. Auf zwei unterschiedliche akustische Signale des Übungsleiters müssen folgende Aufgaben erfüllt werden:

Ein Pfiff: Jeder Teilnehmer macht mit dem Ball auf der Matte eine Rolle vorwärts, anschließend prellt er weiter.

Zwei Pfiffe: Jeder Ballführer begibt sich in die Nähe einer Wand und paßt den Ball 5mal gegen die Wand. Anschließend prellt er weiter.

Nach der dritten Rolle vorwärts wird der Ball an ein sitzendes Gruppenmitglied abgegeben.

2. Wie 1, nur müssen die Ballführer auf visuelle Zeichen reagieren. *Beispiel:* Der Übungsleiter hebt einen Arm: Rolle vorwärts – der Übungsleiter hebt beide Arme: 5 Pässe gegen die Wand.

3. Die Teilnehmer prellen den Ball paarweise hintereinander in ihrem Raum. Der Hintermann muß die Übungen und Bewegungen seines Vordermannes nachvollziehen. Auf ein Zeichen des Übungsleiters wechseln die Übenden ihre Funktion.

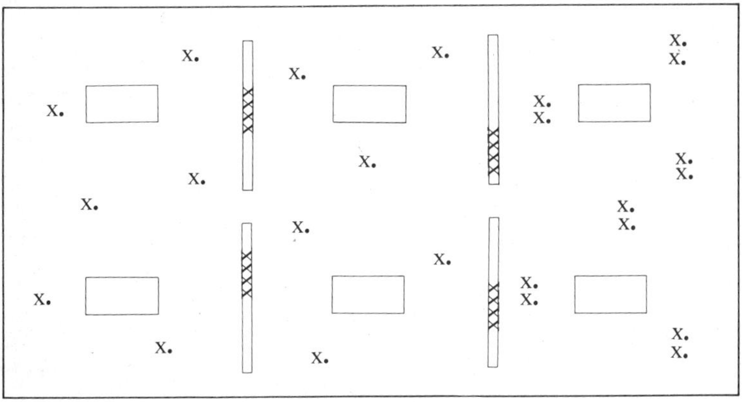

Übung 3: Paarweises Dribbeln

3. Programm

Zielsetzung: Schulung des Prellens in Verbindung mit gegnerischer Einwirkung

Organisationsrahmen: Die Halle wird durch Bänke in 3 Räume quergeteilt.

Geräte: 4 bis 6 Bänke, Bälle

Übungsbeschreibung

Die Teilnehmer bilden 3 Gruppen. Die Hälfte der Mitglieder jeder Gruppe übt im jeweiligen Raum, die nicht aktiven Teilnehmer sitzen auf den Bänken. Folgende Übungen sind auszuführen:

1. Dribbelzeck. Die Teilnehmer laufen in ihrem Raum beliebig durcheinander und prellen den Ball. Ein Fänger versucht, einen anderen abzuschlagen. Gelingt ihm dies, übernimmt der Abgeschlagene die Funktion des Fängers. Der Fänger übernimmt den Ball des Abgeschlagenen. Abschlagen des vorherigen Fängers ist verboten. Der Wechsel der Gruppen erfolgt auf Anweisung des Übungsleiters.

2. Die Teilnehmer prellen den Ball in ihrem Raum in beliebiger Form. Ein Teilnehmer hat keinen Ball. Er muß versuchen, den prellenden Ball eines Spielers mit der Hand zu berühren. Gelingt ihm dies, darf er mit dem Ball weiterdribbeln, und der Spieler übernimmt seine Aufgabe. Ein Wechsel der Gruppen erfolgt auf Anweisung des Übungsleiters.

3. Alle Teilnehmer prellen einen Ball in ihrem Raum. – Wem gelingt es, den Ball eines Gruppenmitglieds mit der Hand zu berühren, ohne das eigene Prellen zu unterbrechen?

Wem gelingen die meisten Berührungen in einer bestimmten Zeit?

Eine Berührung zählt nur dann, wenn das eigene Prellen nicht unterbrochen wird.

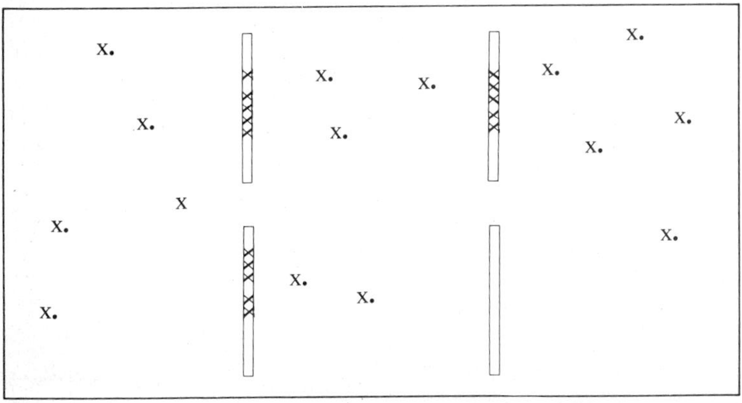

Übung 1: Dribbelzeck – Abschlagversuch

Übung 2: Fänger ohne Ball versucht, einem Prellenden den Ball wegzuspielen

Erlernen und Vervollkommnen des Fintierens

Hinweise zur Technik und Methodik

Finten sind Spielhandlungen, die den Gegner täuschen und zu Fehlreaktionen veranlassen sollen. Bei einer gelungenen Finte wird durch ein Täuschungsmanöver Raum für eine beabsichtigte Folgehandlung geschaffen. Wir unterscheiden das Fintieren mit und ohne Ball. Die Körperfinte ohne Ball kann sowohl vom Angreifer als auch vom Verteidiger angewendet werden.

Beim richtigen Fintieren sind folgende Merkmale zu erkennen:

- Die Finte erfolgt in einem ausreichenden Abstand zum Gegner.
- Das Täuschungsmanöver sieht echt aus.
- Die anschließende Folgehandlung wird schnell ausgeführt.

Täuschung: Das Antäuschen des Wurfs sieht echt aus (der Gegner reagiert)

Folgehandlung

Schematische Darstellung der Methodik zum Erlernen und Vervollkommnen des Fintierens mit und ohne Ball

Fintieren	Täuschhandlung		Folgehandlung
vor dem Passen	Anspiel	–	Passen
	Umspielen	–	Passen
	Torwurf	–	Passen
vor dem Torwurf	Anspiel	–	Torwurf
	Umspielen	–	Torwurf
	Torwurf	–	Torwurf
vor dem Umspielen	Anspiel	–	Umspielen
	Umspielen	–	Umspielen
	Torwurf	–	Umspielen
vor dem Abwehren	Anbieten eines Torwurfraums	–	Abwehr
	Anbieten einer Abspielmöglichkeit	–	Abwehr

Vgl. schematische Darstellung in: Autorenkollektiv (Hg.), Übungsformen für die Sport-Spiele – Berlin (DDR) 1973, Seite 328.

Weitere Hinweise siehe methodische Darstellung des Fangens und Passens, Seite 147.

Körperfinte mit Ball

Folgehandlung: Sie erfolgt schnell in einem ausreichenden Abstand zum Gegner

Programm der ersten Ausbildungsphase

Zielsetzung: Schulung des Fintierens ohne Ball

Organisationsrahmen: Für die Durchführung der Übungsformen dieses Programms ist keine besondere Raumaufteilung erforderlich. Die einzelnen Beschreibungen der Aufgaben enthalten die notwendigen organisatorischen Hinweise.

Geräte: keine

Übungsbeschreibung

Da im Handballspiel jedem Angreifer ein Verteidiger gegenübersteht, muß der Spieler in der Lage sein, den Gegner durch geschicktes Verhalten zu täuschen. Aus diesem Grunde ist unter anderem die Schulung der Körpertechnik (Beweglichkeit) von besonderer Bedeutung. Dazu eignen sich vor allem alle Arten von Greifspielen.

1. Greifspiel: Die Gruppe kann sich beliebig im Hallenraum bewegen. Ein Teilnehmer ist Fänger. Er versucht ein Gruppenmitglied abzuschlagen. Ist ihm dies gelungen, fassen Fänger und Abgeschlagener einander mit einer Hand an und versuchen weitere Gruppenmitglieder zu fangen. Jeder Abgeschlagene muß die Hand eines Fängers anfassen. Wer wird als letzter gefangen (2- bis 3mal)?

2. Das Gegeneinanderlaufen mit Täuschbewegung: An den Stirnseiten der Halle formieren sich jeweils 6 Gruppen mit je 3 Spielern. Jeder Gruppe auf der einen Seite steht genau eine Gruppe auf der anderen Seite gegenüber. Die ersten jeder Gruppe bewegen sich genau aufeinander zu. Kurz vor dem Zusammentreffen stoppen beide ab, machen einen Ausfallschritt nach links, wenden sich anschließend nach rechts und laufen aneinander vorbei. Bei den ersten Versuchen sollen die Teilnehmer gehen, dann langsam laufen, schließlich schneller laufen.

3. Wie 2, nur Ausfallschritt nach rechts, links vorbeilaufen.

4. Greifspiel: An einer Stirnseite der Halle stehen die Teilnehmer in Dreiergruppen. In der Mitte der Halle befinden sich 2 Fänger. 3 Teilnehmer müssen gleichzeitig loslaufen und versuchen, ein Mal auf der gegenüberliegenden Hallenseite zu erreichen. Die Fänger haben die Aufgabe, möglichst viele Läufer zu berühren. – Welches Fängerpaar berührt bei einem Durchgang die meisten Läufer?

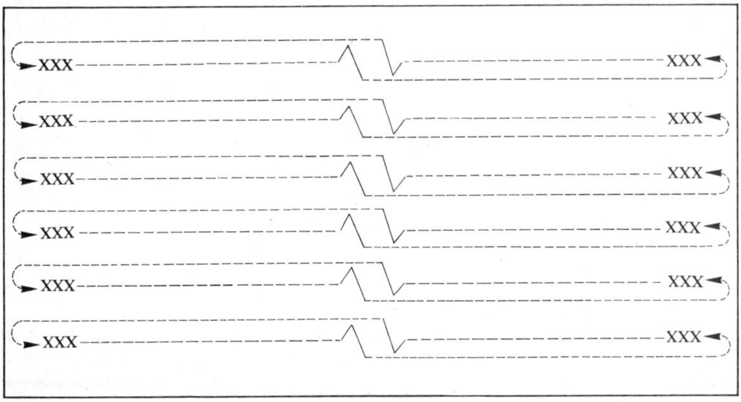

Übung 2: Gegeneinanderlaufen – Ausfallschritt

Übung 4: 2 Fänger und 3 Läufer in Aktion

Programm der zweiten Ausbildungsphase

Zielsetzung: Schulung des Fintierens ohne Ball in Verbindung mit Dribbeln, Fangen und Passen

Organisationsrahmen: Die Halle wird durch Bänke in 4 Räume längsgeteilt. In jedem Raum befinden sich 2 kleine Kästen.

Geräte: 8 kleine Kästen, 6 Bänke, 3 Bälle

Übungsbeschreibung

Die Teilnehmer bilden 8 gleich große Gruppen. Sie nehmen an den Stirnseiten der Halle in den vorgegebenen Räumen Aufstellung und absolvieren nacheinander die angegebenen Übungen in Staffelform. Die Belastung wird vom Übungsleiter festgelegt.

1. Der erste Teilnehmer läuft bis kurz vor den ersten Kasten, stoppt ab, macht einen Ausfallschritt nach links und läuft rechts am Gerät vorbei. Beim zweiten Kasten führt er einen Ausfallschritt nach rechts durch und läuft links am Gerät vorbei.
2. Wie 1, nur prellt der Übende während seines Laufs einen Ball.
3. Auf den beiden Kästen steht jeweils ein Teilnehmer als Anspieler. Der Ballführer jeder Staffel paßt den Ball zum ersten Anspieler, läuft dann auf den Kasten zu, fängt den Rückpaß, fintiert nach links und paßt den Ball danach zum Anspieler auf dem zweiten Kasten. Er folgt seinem Paß, fängt den zurückgespielten Ball, fintiert diesmal nach rechts und paßt den Ball nach dem Täuschungsmanöver zum ersten Staffelmitglied der gegenüberstehenden Gruppe.

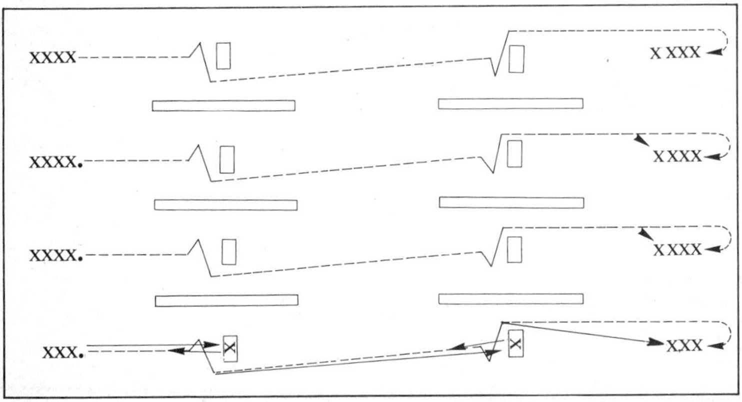

Übung 3: Schrittfolge nach der Finte – Wurfansatz zum Paß

Programm der dritten Ausbildungsphase

Zielsetzung: Schulung des Fintierens in Verbindung mit verschiedenen Wurfarten

Organisationsrahmen: Die Halle wird durch Bänke in 3 Räume quergeteilt. In jedem Raum befinden sich 2 Stationen.

Raum 1: 2 kleine Kästen

Raum 2: 4 Matten

Raum 3: 2 Malstangen, 2 kleine Kästen, 1 großer Kasten, 1 Weichboden

Geräte: 4 bis 6 Bänke, 4 kleine Kästen, 4 Matten, 2 Malstangen, 1 großer Kasten, 1 Weichboden, 8 Bälle

Übungsbeschreibung

Die Teilnehmer bilden 3 Gruppen. Jede Gruppe verteilt sich gleichmäßig an den Stationen in ihrem Raum. Die Teilnehmer üben im Wechsel in den Räumen 1 bis 3. Die Belastung bestimmt der Übungsleiter.

1. Gruppe:

In der Mitte des Raums stehen 2 kleine Kästen. In 4 Meter Abstand dazu stehen 2 Anspieler. Die übrigen Teilnehmer nehmen auf der anderen Seite in einem möglichst großen Abstand zu den Kästen genau gegenüber Aufstellung. Der Gruppenerste paßt den Ball zum Anspieler. Anschließend läuft er in Richtung Gerät und fängt den Rückpaß während des Sprungs über den kleinen Kasten. Danach fintiert er durch einen Ausfallschritt nach rechts hinten (Rechtshänder; Linkshänder umgekehrt) und paßt den Ball nach der Schrittfolge rechts-links zum nächsten Gruppenmitglied zurück. Der Gruppenerste wird zum Anspieler, der Anspieler stellt sich bei der Gruppe an.

2. Gruppe:

Im Übungsraum liegen je 2 Matten in einem Abstand von 6 Meter. Hinter jeder Matte nimmt eine gleiche Anzahl von Teilnehmern Aufstellung, so daß 2 Staffeln entstehen. Der Ballführer fintiert durch einen Ausfallschritt vor der Matte, macht dann eine Rolle auf der Matte und paßt dann im Fallen den Ball zum gegenüberstehenden Partner. Danach läuft er zur Gruppe gegenüber und stellt sich dort an.

3. Gruppe:

Die Teilnehmer nehmen in 2 Reihen hinter 2 Malstangen Aufstellung. Die Malstangen stehen leicht links versetzt zu 2 kleinen Kästen (gilt für Rechtshänder), die als Absprunghilfe dienen. In 6 bis 8 Meter Abstand lehnt ein aufrecht gestellter Weichboden als Ziel an einem großen Kasten. Jede Gruppe erhält 2 Bälle. Der Ballführer fintiert mit einem Ausfallschritt vor der Malstange, springt anschließend nach 2 Schritten von einem kleinen Kasten ab und wirft im Sprung auf den Weichboden. Danach holt er den geworfenen Ball und übergibt ihn an das nächste Gruppenmitglied.

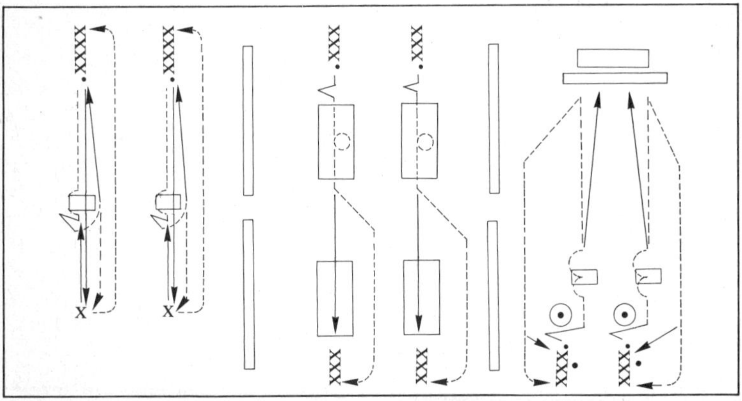

3. Gruppe: Finte, anschließende Schrittfolge, Sprungwurf

Anhang

Literaturhinweise

AUTORENKOLLEKTIV (Hg.): Übungsformen für die Sport-Spiele – Berlin (DDR) 1973.

BACH, J.: Handballtraining neu und spielgerecht. – Berlin 1970.

BLUME, G.: Volleyball. Training, Technik, Taktik. – Reinbek 1977 (= rosport 7011).

DÜRRWÄCHTER, G.: Volleyball spielend lernen. 4. Auflage. – Schorndorf.

ENDERT/LANGHOFF: Schüler spielen Handball. – Berlin 1972.

FREIDANK, GÜNTHER u.a.: Handball. – In: Übungsformen für die Sportspiele. – Berlin (DDR) 1975.

GEILENBERG, H./KLEIN, H.: Das Handballspiel für Feld und Halle. 4. Auflage. – Essen 1970.

HARRE, D.: Trainingslehre. 5. Auflage. – Berlin (DDR) 1975.

HEUSER, I.: Große Spiele. – Wuppertal 1968.

DERS.: Spiele für alle in Hof und Halle. – Wuppertal 1970.

HOCH, T.: Volleyball. – Frankfurt/M. 1973.

KÄSLER, H.: Handball. – In: Schriftenreihe zur Praxis der Leibeserziehung und des Sports, Bd. 32.

KERKMANN, K.: Kleine Parteiballspiele. – Schorndorf 1975.

KLESCHTSCHEW, J./TJURIN, W./FURAJEW, J./LAKFALVI, L.: Taktische Vorbereitung von Volleyballspielern. – Moskau 1968.

KOCH, K.: Kleine Sportspiele. – Schorndorf 1977.

KONZAG, G.: Übungsformen für die Sportspiele. 2. Auflage. – Berlin (DDR) 1975.

LETZELTER, M.: Trainingsgrundlagen. Training, Technik, Taktik. – Reinbek 1978 (= rosport 7024).

MERK, G.: Eine Handballmannschaft trainiert. – Frankfurt/M. 1969.

NEUMANN, H.: Basketballgrundschule. – Schorndorf 1970.

RADDE, K.: Nachwuchs-Leistungsgruppenprogramm. – Leipzig 1969.

SCHEUCHNER, J.: Volleyball für Schule und Verein. – Wien 1970.

SCHREITER, K./SCHEIDEREIT, D./FIEDLER, M.: Volleyball. 4. Auflage – Berlin (DDR) 1975.

SEYBOLD/BRUNNHUBER: Üben und Spielen mit dem Ball. 5. Auflage. – Frankfurt/M. 1970.

SINGER, E.: Hallenhandball. Technik – Taktik – Konditionsarbeit. – Stuttgart 1978.

STÖCKER, G.: Schulspiel Basketball. 4. Auflage. – Schorndorf 1973.

SÜDBADISCHER HANDBALLVERBAND (Hg.): Rumänische Handballschule. – Steinbach 1970.

TRAINERLEHRGANG DER TRAINER ASIENS: Lehrbuch Volleyball. – München 1972.

TROSSE, D.: Handball. Training, Technik, Taktik. – Reinbek 1977 (= rosport 7004).

VICK/BUSCH/FISCHER/KOCH: Schulung des Hallenhandballs. Teil 1 und Teil 2. – Berlin 1972 und 1976.

WALDOWSKI, L.: Basketball. Training, Technik, Taktik. – Reinbek 1978 (= rosport 7023).

ZEIGERT, J.: Volleyball für Schule und Vereine. 4. Auflage. – Frankfurt/M. 1973.

Über die Verfasser

Günter Blume (Foto links), Jahrgang 1942, war von 1959 bis 1969 aktiver Volleyballspieler in der DDR. Von 1969 bis 1970 trainierte er die 1. Damenmannschaft des Turn- und Sportclubs Berlin; von 1971 bis 1973 war er im Männerbereich tätig. An der DHfK Leipzig studierte er Sport. Ab 1973 trainierte er die Bundesliga-Herrenmannschaft des Hamburger Sport-Vereins, mit der er 1975 und 1977 Pokalsieger, 1976 und 1977 Deutscher Meister wurde, danach war er ein Jahr Trainer der deutschen Junioren-Nationalmannschaft. Ab 1978 Trainer des 1. FC Norderstedt – 1983 Aufstieg in die 1. Bundesliga –, ab 1982 Training der Damenmannschaft des SC Langenhorn – 1983 Aufstieg in die 2. Bundesliga.
Nach einem erneuten Studium an der Universität Hamburg (Sport und Biologie) ist er heute als Studienrat an einer Hamburger Gesamtschule tätig. Hier beschäftigt er sich besonders mit dem Volleyball als Schulsport.
Klaus Lange (Foto rechts), Jahrgang 1939, studierte von 1961 bis 1967 an der Universität in Hamburg Sport, Geschichte und Geographie, wo er auch als Lehrbeauftragter am Institut für Leibesübungen tätig war. Als aktiver Handballer spielte er in den Bundesligamannschaften des Hamburger SV und des VfL Bad Schwartau. Als Mitglied der deutschen Hallenhandball-Nationalmannschaft bestritt er 53 Länderspiele. 1964 nahm er an der Weltmeisterschaft in der Tschechoslowakei teil und war Kapitän der Nationalmannschaft bei der Olympiade 1972 in München. Von 1975 bis 1978 führte er die Mannschaft des MTV Herzhorn als Spielertrainer aus der Bezirksliga bis zum Aufstieg in die Bundesliga.
Heute ist er Oberstudiendirektor in Itzehoe. Er beschäftigt sich besonders mit dem Fach Sport als Leistungsfach am Gymnasium.